信而有證

——澳門身份證發展歷程

陳震宇　著

JPC

前言

作者動筆撰寫本書時，正值 2019 冠狀病毒病疫情肆虐全球。在疫情影響的這段非常時期，澳門特區政府為保護全體居民健康、確保醫療衛生體系安全、保障居民就業以至盤活本地經濟採取了一系列特別措施，例如：保障口罩供應澳門居民計劃、派出包機和專車接載滯留外地的澳門居民返澳、提前發放「現金分享計劃」款項、電子消費優惠計劃、技能提升及就業培訓計劃、工作收入補貼臨時措施、面向私人部門職業稅納稅人和商號經營者的財政援助計劃等，使居民能安然度過這段艱難時刻；後來疫苗面世，又安排免費接種。要享有上述措施的福利及協助，其前提必須是澳門特區居民，在登記或報名時透過輸入身份證編號，以證明自己具備澳門特區居民資格；而在購買口罩、向工作人員報到或領取福利時，也須出示身份證以核對身份或查核資格。

疫情最吃緊的時期，由於對外交通恢復正常遙遙無期，大家不能到處旅遊而只能通過網上從外地購物回澳。當包裹到達郵局後，居民須出示身份證才可領取包裹，就連進入郵局前須出示的「澳門健康碼」也要填報身份證編號，以便日後疫情不幸再度爆發時可以追查紀錄。當外地疫情處於水深火熱之時，身處澳門的大家毫不猶豫，第一時間把防疫物資寄給遠方的親友，到速遞公司填寫報關表格時，亦少不免須提供身份證編號。「背記」身份證編號幾乎成為每一位澳門居民的本能。由此可見，身份證作為在公共當局和私人機構中證明個人身份的重要證明文件，是在澳門特別行政區成立後成為確定持證人具有「澳門特別行政區居民」資格的重要證明。

本書以《信而有「證」》為題，取自《左傳·昭公八年》中「君子之言，信而有徵，故怨遠於其身」一語，意即為君子者，所說的話都應該是有憑有據、千真萬確，別人自然也無從埋怨或指責。「身份」者，簡言之指人的出身、地位或資格，而身份證作為一種由公權力發出的憑證，具有核實持證人身份的作用，就像「君子之言」一樣，憑「徵（證）」使他人「信」其身份而不生疑，使「怨遠於其身」，毋庸再為

向他人解釋自己是誰而煩惱。由於先天的政治法律地位和社會條件的局限，澳門達至「信而有『證』」這個境界的過程可謂波折重重，以至歷近百年方克竟全功。

在葡萄牙對澳門實施行政管理期間，居留制度幾乎一直未能做到全面覆蓋，更幾乎一直沒有對何謂「澳門居民」給予一個清晰的定義，這既以葡萄牙本身的法律原則為根源，更與葡萄牙殖民主義種族政策有密切關係。另一方面，澳葡當局曾多次嘗試在法律容許的框架下，為澳門的居住人口發出統一的身份證明文件，卻從未成功，直至中葡兩國簽署關於澳門問題的《聯合聲明》後進入政權交接的過渡時期，以及1980年代非法移民問題最終通過合法化而得到解決，澳葡行政當局為加強居留管理，並適應將來澳門特別行政區的社會治理需要，才成功建立起居民身份證制度。

在澳門居民身份證於 1992 年發出之前，澳門的身份識別文件五花八門，出於民事身份識別需要有之，出於向外地機關證明持證人與澳門的關係亦有之，出於證明持證人是從未犯罪的殷實人士更有之，因政出多門而產生的各自為「證」乃

至「證」出多門的現象，從發證背景、制定法規、接受申請、簽發證件和應用證件的全過程，乃至從中衍生的各項枝節，堪稱葡萄牙公共行政制度在澳門實踐的極致寫照。不同的身份識別文件，亦意味著持證人享有的權利和義務不盡相同，進而影響他們在澳門的社會經歷和體驗。這雖然是導致澳門社會長久以來沒有形成統一和鮮明的身份認同的重要原因之一，卻因為這樣而使澳門各族群之間沒有沉重的歷史包袱，意外地為日後確立澳門特別行政區居民身份，並在此基礎上構建積極的澳門身份認同創造條件，共同成就澳門特區成立 20 年來經濟社會飛躍發展的輝煌成果。

在構建澳門身份認同的這一過程中，更隨著澳門對外交往的對象越來越多樣化，其內容以至內涵越來越豐富。在以中華文化（特別是廣府文化）為主流的大背景下，葡語世界、英語世界、日本、韓國、東南亞文化，以及各大主流宗教信仰，在澳門本地社會都據有適當的位置。無分種族與文化、風俗和語言的交流，每天都鮮活生動地在澳門的大街小巷上演，在民間層面充分體現《粵港澳大灣區發展規劃綱要》中為澳門期許的「以中華文化為主流、多元文化共存的交流合

作基地」功能和角色。

本書嘗試通過從居留制度和歷史事件的發展脈絡作為切入點，介紹澳門身份識別文件從分散到統一，從身份識別到身份證明功能轉變的歷史進程，並探討身份證對澳門「市民身份」（citizenship）的形成和構建身份認同的影響。鑒於澳門居民前往內地所用的證件在近年出現顯著的發展，本書另設專章介紹其演變過程。本書的基本中文資料取材自歷年澳門《華僑報》、《澳門日報》的報道，除引文和統計數據外，恕不一一註明。

在本書付梓之際，特別感謝全國港澳研究會副會長吳志良博士、香港中文大學香港亞太研究所副所長（執行）鄭宏泰博士及澳門理工學院人文及社會科學高等學校婁勝華教授對本書撰寫工作所給予的意見和支持。

作者謹識
2021 年 10 月於吾廬

信而有證

作者題字

目錄

葡治時期澳門地區居留制度的演變和身份識別文件（1906-1990）

1.1 　澳門地區居留制度的葡萄牙背景和演變

葡萄牙在歷史上雖然作為西方最早對外實施殖民擴張的國家，但對殖民據點的治理一直以來僅限於前赴定居的葡人內部，即使 1822 年葡萄牙建立君主立憲制度後，把分佈在世界各地的據點都納入其領土範圍聲索主權，對於被佔領地原居民的治理，卻要到 1875 年左右才開始跟隨其他歐洲列強加以探討。特別是 1884 至 1885 年歐洲列強舉行柏林會議，確立「有效佔據」作為瓜分非洲大陸的原則後，「現代屬地公法」（moderno direito público colonial）的概念應運而生，用以探討承認海外屬地的財產權和對待當地原居民的具體辦法。

1894 年 2 月 20 日，葡萄牙皇室頒佈關於海外屬地司法管理規章的皇室令（Decreto Régio）後，「土著」（indígenas）被正式定義為出生在海外地區，其父母皆屬「土著」，且接受的教育和風俗與其種族別無二致的人。隨著葡萄牙在非洲大陸的領土擴張逐漸深入、固定，與當地原居民的日常接觸成為常態，繼而發展出某種認識和行為規律之後，葡萄牙對治

理海外屬地原居民的方式有更深入和具體的規定。葡萄牙共和國成立後，在 1914 年執行第 277 號法律《海外省民政組織法》時進一步界定「土著」為「有色個人」（*indivíduo de cor*）、不通曉葡語、不從事工商業或專業活動，或不持有得以維生的財產。葡萄牙法律學者席爾瓦（Cristina Nogueira da Silva）根據當時法規的執行情況認為，只有符合與前述條件相反者方可成為「共和國公民」，否則只是「共和國屬民」（súbditos da República）[1]。而既非本國公民，又非「土著」的其他人，則被歸類為「外國人」（estrangeiros）。葡萄牙對其海外屬地居住人口的這三種分類，還與 1826 年修訂的《憲法》和 1867 年頒佈國內第一部《民法典》時開始為葡萄牙公民身份作具體定義有關，因在個別地方居住的關係而取得當地居民法律地位的概念，在葡萄牙的法律中並不存在，這亦直接影響相關的居留制度，均以人的國籍或國民身份作為基礎。

具體到澳門而言，既然澳門在葡萄牙的憲制上被視為該國的領土，葡萄牙公民可自由進入澳門而不受限制。但是，隨著第二次世界大戰後非洲海外屬地的經濟成長，吸引不少歐裔葡萄牙人前來尋找工作機會，又因部分際遇不順的葡人沒有足夠旅費返回葡萄牙本土，為當地帶來社會問題。葡萄牙屬務部於是在 1948 年頒佈第 37196 號國令（Decreto），對來自本土和附屬島嶼的葡萄牙公民進入海外屬地（包括澳門）

施加限制。一般而言，只要當事人在擬進入的海外屬地有居所，或到當地從商、就學、旅遊，都可以自由進入，但如果前往當地時仍未受僱者，須先向當局繳交一筆按金，作為返回葡萄牙本土的旅費[2]。隨後在 1956 年進一步規定，在相關海外屬地居住滿兩年的葡萄牙本土公民，視為在當地永久居留[3]，而有關規定並不影響當事人既有的葡萄牙公民身份。

同樣，行政當局在過去一段長時期，對海外華僑和其他非葡籍的外籍人士入境澳門和在澳門長期居留的規定亦相對寬鬆。葡萄牙皇室在 1906 年 7 月 4 日頒佈的皇室令[4]和澳門在 1907 年 8 月 24 日頒佈的施行細則[5]，是澳門地區第一套規範外地人入境和居留澳門的法規，當中規定外國人無須護照或其他身份證明文件，即可自由進入澳門及屬澳之地，但他們在進入澳門後須於 3 天內向西政廳（即市行政局）報告，如果逗留超過 20 天，經過申請可獲發永久居留證（título de residência permanente）。這套居留制度後來亦逐漸完善，例如 1935 年改永久居留證為「居留證」（título de residência，又稱「外僑居留證」），並設定一年的有效期，可以續期；在 1969 年 7 月 5 日頒佈的第 1796 號立法性法規《澳門省入境、逗留及長期居留章程》[6]進一步具體規範有關在澳門長期居留的事宜：海外華僑和其他非葡籍的外籍人士可以通過繳交保證金、在澳門置業或設立工商企業而

獲批准長期居留。華僑獲批准長期居留後，可申領身份證（cédula de identifição policial），有效期為一年；其他外籍人士與過往一樣，可申領居留證，須在每年一月份續期。

1.2 居留制度的漏洞及其原因

澳葡當局對當地人口中佔絕大比例的華人，同樣根據其國籍分別實施居留管理。對於信奉天主教的華人，葡人在澳門全面確立殖民管治之時已視之為「被同化者」（assimilado），即葡萄牙公民，故而根據葡萄牙民法制度的規範對他們實施管理。然而，對於沒有信奉天主教的澳門華人，澳葡當局在 1980 年代之前並無嚴格的居留管理，而對來自中國內地和香港的華人，更幾乎沒有對其入境和在澳門長期居留加以規定。出現這種空白，與葡萄牙的殖民主義種族政策及其在澳門的法律實踐，以及澳門本身的特殊國際法律地位有密切的關係。

前文提到葡萄牙把海外屬地的當地原居民視為「土著」並設定他們能成為葡萄牙公民的基本標準，這背後明顯帶有殖民主義思想中以「文明教化」為其使命的核心內容的典型要素。按照德國歷史學者奧斯特哈梅爾（Jürgen Osterhammel）的歸納，殖民主義是指佔大多數的本土人口（或從外地強行

輸入的人口）與佔少數的外來侵略者之間的支配關係，影響被殖民人民生活的根本決定是由殖民統治者基於遙遠的宗主國界定的利益而作出並且執行。殖民者拒絕與被殖民居民在文化上妥協，自信其本身具有優越性並註定具有統治的委託[7]。換言之，殖民主義理論普遍主張「優勝的種族」具有「優勝的文明」，並通過領土擴張加以證明。與「優勝種族」相對的是「低下」的當地原居民，只要他們維持傳統的生活方式，只要他們沒有經過以基督信仰為媒介的「文明教化」，他們都與「文明世界」存在根本上的距離，都可以被歸類為「土著」。

而葡萄牙的殖民主義思想尤其主張，「土著」在文化上和種族上都與歐洲種族不同，其思想原始單純，奉行傳統信俗，只顧念物質利益，從一開始便不能理解歐洲文明「非專制」的社會治理方式，更沒有能力「自發」追隨歐洲文明的步伐，作為殖民者因而需要構思並發展既能「保護被征服的土著」，又能「減低土著生活的卑微狀況」的「實驗性積極政策」，從而在其執行過程中可進一步基於當地原居民的文化和種族特徵，以及葡萄牙殖民事業的最終目的加以「嚴謹並科學地評估」他們在「文明教化」的每個階段中應享有的相稱權利。結果，「土著」在葡萄牙海外屬地的政治行政體系中並非政治上的主體，葡萄牙殖民者因而有必要通過對他們實施特別的法律制度、建立專門的司法當局和程序，以及有

別於本土地區的民法和政治機構，結合武力、強迫勞動、徵稅，以至戰爭來構建兼備精英治理和專制獨裁性質的殖民政治行政體系，使當地原居民在統治者眼中的「橫蠻」從自己的「文明」區隔出來，並規範和約束土著群體在殖民地社會的行為[8]。

正是由於葡萄牙海外屬地的原居民大多奉行傳統信俗而非基督信仰，其既有的社會組織，以及由此產生的生活方式和民法行為，與葡萄牙的民法原則產生不少的矛盾。尤其是原居民群體普遍以父系社會組織生活，實行一夫多妻制，這使葡萄牙民法的部分原則，例如成年人脫離親權和財產所有權的原則，與這類社會既有的觀念產生衝突，如果處理不當，極有可能危及殖民政權本身的存在。為此，葡萄牙在 1867 年頒佈的《民法典》中便規定其於伸延至海外屬地生效時，應引入符合當地特殊情況的修改。結果，葡萄牙仿效了當時法國的殖民政策，引入「風俗習慣」（usos e costumes）的概念，在不影響道德原則和葡萄牙國家主權的前提下，承認當地原居民根據風俗習慣而採取的法律行為[9]。具體到澳門，沒有信奉天主教的華人（時稱 chins）由於在當時被葡萄牙當局界定為「土著」，有關風俗習慣的法律概念亦因此適用於非葡籍澳門華人。1909 年頒佈的《華人風俗習慣法典》（*Código de Usos e Costumes Chineses*）[10]，保留了澳門華人在家庭與繼承法方面的固有風俗並以法律方式定例，直至

1946 年「土著制度」終止在澳門適用後 [11]，《華人風俗習慣法典》於 1948 年被廢止 [12]，非葡籍澳門華人在葡萄牙（澳門）的法律地位從「土著」而搖身一變成為「外國人」。

從「土著」變為「外國人」的結果是民法身份的轉變。事實上，葡萄牙的民事登記制度歷史與《民法典》相比更為久遠。由於葡萄牙人民傳統上信奉天主教，加上政教不分在葡萄牙曾維持極長時間，但凡出生、婚配、死亡等人生大事，習慣上都經居住地所屬的天主教聖統制堂區（paróquia）的主任司鐸（pároco，俗稱「本堂神父」）登記，其發出的證明文件在葡萄牙政權尚未世俗化時亦被廣泛承認。上述的做法亦適用於居住在澳門的葡人，後來葡人實施殖民擴張後亦適用於華人天主教徒。對於沒有信奉天主教的華人和外國人，澳葡當局在 1886 年頒佈了第一份以他們為規範對象的民事登記規章 [13]，規定這些人士的出生、婚配、死亡、非婚生子女的準正（legitimações）和華人之間的收養必須向居住地所在的西政廳廳長（即市行政局局長）辦理民事登記，而葡萄牙在 1905 年更進一步規定，只有已辦理民事登記的華人方可取得葡萄牙國籍 [14]。然而，由於有關民事登記的法規長期以來未被嚴格執行，加上《華人風俗習慣法典》承認非天主教華人根據中國禮儀而締結的婚姻，不少華人因而認為辦理當局的民事登記是多餘之舉，再加上言語不通、手續繁複、耗時冗長、費用高昂等因素，導致這項規定長期以來未

被重視，當局因此也沒有他們的民事登記檔案，使他們在從「土著」過渡至「外國人」之後都沒有葡萄牙（澳門）的民法保障，而當時的台海雙方都未能對澳門行使治權，即使他們都被視為具有中國國籍，仍無法給予他們合適的身份識別或證明文件，使得這批在澳葡行政當局眼中視為「外國人」的非葡籍華人，處於近乎「無國籍人士」的尷尬狀態。

另一方面，葡萄牙在 1822 年於《憲法》中單方面訂定澳門為其領土一部分之後，又在 1845 年 11 月 20 日單方面宣佈澳門為自由港，並在 1849 年、1851 年和 1864 年先後完成佔領整個澳門半島、氹仔和路環。及後中葡兩國經過多番交涉、談判，在 1887 年 3 月 26 日簽署《中葡里斯本草約》，並於同年 12 月 1 日簽訂確定性的《中葡和好通商條約》，確認「葡國永駐管理澳門以及屬澳之地，與葡國治理他處無異」以及「若未經中國首肯，則葡國永不得將澳地讓與他國」。換言之，即使葡萄牙在本身的《憲法》中宣稱澳門為其領土的一部分，但她實際上取得的只是澳門的治權，其主權仍在中國，而由於《中葡和好通商條約》並未為「澳門以及屬澳之地」劃定確切範圍，中葡兩國也一直就此拉鋸，最後仍不了了之 [15]。

雖然對葡人而言，澳門未定邊界和領水為本身對澳門附近島嶼（特別是內港以西的對面山和大小橫琴）的治權聲索締造

一定程度操作空間的可能，但由於本身軍事實力不足，經過數十年的拉鋸，最終只能在其力所能及的土地控制範圍（即澳門半島、氹仔和路環）實施行政管理，而主權與治權始終割裂和沒有實質邊界的事實，使當時澳門的國際法律地位極其模糊和特殊，既非「租界」，又非葡萄牙擁有主權的地方，澳葡當局對來自中國內地和香港的出入境管理權力相對有限，基本上沒有實施完整邊境管理的權力可言。更微妙的是，澳葡當局如果在未定邊界、領水，以至沒有實質主權的背景下貿然對中國內地和香港實施出入境管理制度，或是對從內地和香港來澳人士施加居留限制，一方面等於葡萄牙承認自己對澳門的領土聲索僅限於當前的土地控制範圍，另一方面又使葡萄牙在國際關係的角度構成權力僭越（usurpação de poder）的客觀效果，前者不符合葡萄牙的殖民利益，後者則為葡人長期佔據和管治澳門造成非常不利的局面。這也可以說明為何澳葡行政當局制定的居留法規，長期以來都把來自中國內地和香港的華人排除在適用範圍以外，直至1990年前，對來自中國內地的人士定居澳門都沒有明文規定過具體的辦法，也沒有對香港居民定居澳門施加限制，也使澳門在歷史上的非常時期都能成為鄰近居民避難之所。正如曾在1980年代出任過澳門總督的文禮治（Carlos Montez Melancia）在回憶任內工作的文章中提到：「澳門地區不但沒有領水，也沒有領空以至陸地邊界。澳門的邊境是中國（內地）對澳門（的檢查），而不是澳門對中國

（內地）的邊境（檢查）。這條邊界是由中華人民共和國控制的，意味著（澳門）某種的『自治』地位必須依靠中華人民共和國。」[16]

由此可見，基於葡萄牙（澳門）的法律以人的國籍作為界定其民事身份的標準，因而不存在「當地居民」的法律地位，亦使澳葡行政當局在 1990 年之前僅對當地的葡萄牙公民、海外華僑和其他非葡籍的外國人較有效地實施居留管理和限制。而不具有葡萄牙國籍的澳門華人，則由於當中的大部分都沒有在澳葡機關辦理民事登記，即使後來他們的身份狀況從「土著」變為「外國人」，澳葡當局對這批人的居留管理仍長期處於空白狀態。而澳門地區因為沒有邊界和領水而產生的特殊國際法律地位，使當局未能實施完整的邊境管理，尤其未能對來自中國內地和香港的華人定居澳門施加限制，結合非葡籍澳門華人的狀況，共同構成 1990 年前澳門地區居留制度的重大漏洞。

1.3 葡治時期澳門地區主要身份識別文件類型

在澳門居民身份證制度於 1992 年確立之前，澳葡當局根據居住人口的身份狀況而簽發不同類型的身份識別文件，主要有三種：根據葡萄牙法律簽發的「認別證」、向非葡籍澳門華人簽發的「身份證」、向其他國籍人士和居留澳門的香港居民簽發的「居留證」。另外，當局在 1980 至 1990 年代為處理無證勞工和非法移民問題而曾簽發過「臨時逗留證」，自 1988 年起因應開始輸入非本地勞工的需要而簽發「非本地勞工身份咭 [17]」。

認別證（Bilhete de Identidade）

「認別證」（葡文簡稱 BI）是葡萄牙的身份證明文件。1907 年 4 月 25 日，葡萄牙頒佈法律，規定本土國民如欲離境應申領護照或認別證 [18]，是為葡萄牙身份認別制度的開端，小可見設立認別證的原意，僅視之為一種用於識別身份的旅行證件。上述法律所指的認別證式樣延至 1913 年 9 月 9 日

才公佈，在個人資料的登錄上除了姓名、父母姓名、出生日期等資料外，還以當時歐洲各地通用、由法國犯罪學家貝蒂榮（Alphonse Bertillon）在 1879 年建立的個人特徵識別體系為基礎，包括持證人的側面照片、膚色、高度、虹膜、頭髮、髯鬚，以及右手五根手指的全部指紋 [19]，使認別證同時兼具便利刑偵部門識別當事人身體特徵的功能。葡萄牙當局在 1914 年向本土地區的公民正式發放認別證，後來的應用範圍越益拓展，在 1918 年把原有的「認別證暨刑事統計科」（Arquivo de Identificação e Estatística Criminal）擴充為「認別證科」（Arquivo de Identificação）[20]，負責刑事紀錄和發放認別證的工作，並在 1919 年規定在首都里斯本任職的公務人員必須持有認別證 [21]，又在 1926 年和 1927 年先後規定所有公務人員和部分專業的從業人士（如律師、工程師、醫生等）必須持有認別證 [22]。「認別證」到此時不但與公民的刑事紀錄檔案掛鈎，更成為了葡萄牙社會精英「身份象徵」的標記。

及至 1932 年，葡萄牙頒佈新的《民事登記法典》[23]，首次將認別證定性為葡萄牙公民民事身份證明文件，並設有專節加以規定（第 418 至 436 條）。然而，由於上述法典頒佈時，海外屬地並未設立類似本土地區認別證科的證件簽發部門，因此有關認別證的規定並未立即伸延至葡萄牙海外屬地實施，直到 1952 年通過第 38662 號法令（Decreto-Lei）[24]

而在海外省設立認別證科，並將有關發放認別證的規定延伸生效，才為包括澳門在內的海外屬地葡萄牙公民發放身份證明文件奠定基礎。

1956 年 8 月 1 日，葡萄牙海外部頒佈申領認別證細則的第40711 號國令[25]，規定公共機關人員、申領護照和槍牌的人士、執業的律師、調解員、工程師、醫生、護士、藥劑師、司法機關人員，商店、戲院、公司、銀行的大小職員，乃至侍役、家庭僱員、咖啡室、酒店、旅館的服務員都要強制申領認別證；投考中學和高等學府亦必須出示認別證，否則不被錄取；司機不持有認別證，不得向其發出駕駛執照。在 1956 年下半年開始生效的《海外公務員通則》（*Estatuto do Funcionalismo Ultramarino*）亦規定公務人員的任用條件之一是必須持有認別證。認別證於是在葡萄牙的海外屬地成為一份重要的身份證明文件，而從其強制申領的範圍，以及當時非洲民族主義和非殖民化興起的政治語境觀察，更多少帶有監控人口的作用。鑒於上述國令的序言提出最遲在1957 年向海外屬地居住人口發放認別證，為配合時程，規範身份證明和刑事及警務紀錄部門組織的第 41077 號法令，以及規範有關部門運作、認別證申請表格和證件式樣的第41078 號國令同在 1957 年 4 月 19 日頒佈[26]。認別證在此時也開始分為「國民認別證」（Bilhete de Identidade de Cidadão Nacional，俗稱「葡籍認別證」）和「外國人認別證」（Bilhete

de Identidade de Cidadão Estrangeiro，俗稱「非葡籍認別證」）
兩種。

澳葡行政當局是在 1957 年 4 月開始向居民發放葡萄牙身份
證明文件的。原本是簿摺式，1974 年 9 月起改發卡式認別
證，與葡萄牙本土相比晚了 10 年。由於葡萄牙時行的國籍
法律規定，在葡萄牙領土出生的人都是葡萄牙公民，而時行
的《政治憲法》（ Constituição Política ）又把澳門在內的海外
屬地視為葡萄牙領土的一部分，於是在澳門出生的人士都獲
當局發放葡籍認別證。隨著行政當局嚴格執行身份證發放制
度，澳門社會於是漸漸出現「認別證」和「身份證」兩種身
份識別文件並存的局面，「葡籍認別證」和「身份證」成為
當時判別居民是否在澳門出生，乃至是否「土生土長的澳門
人」的重要憑證，直到 1992 年行政當局開始發放「澳門居
民身份證」，才以另一種方式作為判別的標準。

隨著澳門政權交接日子臨近，葡籍認別證的簽發工作在
1999 年從澳門身份證明司轉移至葡萄牙駐澳門總領事館負
責。2006 年，葡萄牙政府展開電子政務工程。為配合這項
工作，於 2007 年 2 月 14 日起發放智能卡式認別證，並易
名為「公民證」（cartão de cidadão） [27]。

身份證（Cédula de Identificação Policial）

由澳葡當局發出的第一批「身份證」（葡文簡稱 CIP），原意僅作為方便非葡籍澳門華人前往香港時，作為證明在澳門居住的文件。在此之前，這類人士可在澳門中華總商會（澳門商會）申領「僑居證」作為證明文件，「僑居證」也一度獲港英出入境當局接受而准其上岸。而中國內地政局在 1949 至 1951 年間發生重大轉變後，港英當局在 1951 年 12 月起嚴格執行出入境條例，不再接受由澳門商會發出的「僑居證」，僅接受由澳門市行政局發出的「居住證明」（atestado de residência）為證明入境者在澳門居留的合法證明文件。由於這種居住證明原本的發出對象是中國人以外的外籍人士，而行政當局本來沒有向非葡籍人士簽發赴港證件的責任，僅因英國駐澳門領事館在 1948 年關閉而應港英當局的請求承接有關工作，加上居住證明的申領手續相當繁複 [28] 且僅具六個月的有效期，為了簡化程序，同時為了查驗一些無業或依靠收租維生的申請者是否有犯罪紀錄，行政當局在 1952 年 5 月 17 日頒佈第 5165 號訓令（Portaria，譯文見附錄三）[29]，推出由澳門警察廳和民政總局共同簽發的「身份證」。身份證的發放對象為沒有葡萄牙國籍的華人居民，有效期一年，可通過加簽附註而續期。年滿 14 歲或以上的少年可單獨持有身份證，14 歲以下則須附註於其父母或監護人的證件中。持有這種身份證的人士如其籍貫在廣東省，可

直接憑證前往香港，否則應憑此前往在同年 9 月恢復運作的英國駐澳門領事館申請合適的赴港旅行證件。隨著港英當局在 1961 年 8 月 24 日委託英國駐澳門領事館發出旅遊香港許可證（Hong Kong Visit Permit）[30] 後，身份證仍為申領該證的必備文件之一。

身份證的發放管理後來也加以完善。1961 年，行政當局把可單獨持有身份證的年齡由 14 歲下調至 10 歲 [31]，1964 年再從 10 歲下調至 6 歲 [32]，有效期雖然維持在一年並可通過加入附註方式續期，但證件在發出後三年必須更換，編號也隨之更換。由於當時辦證手續寬鬆，當時不少具葡萄牙國籍的華人居民也有申領這種證件，以省卻再到民政廳申請往港通行證（Salvo-Conduto，因其封面後來改為黃色，故俗稱「黃簿」）或護照的麻煩，直到行政當局在 1957 年向葡籍居民發放「認別證」，並勒令非法持有身份證的居民註銷該證後，才得以糾正上述情況。後來一些持有香港身份證，但並非全部在澳門居住的人士亦看準可憑身份證返港的便利而紛紛申領，免卻在香港申領「回港證」的麻煩。英國駐澳門領事館甚至一度發出通告，著持有香港身份證但在澳門居住的人士在限期內交還香港身份證 [33]（通告原文見附錄六）。

發放身份證的原意僅為非葡籍華人前往香港時作為識別個人身份，且持證人在澳門並無犯罪紀錄的憑據，此點除了

從證件登載的資料比認別證少之外（見表 1.1），還體現在早期的證件中印有「證明持證人現時於本警察廳並無失信紀錄」的葡英文註明，以及身份證的葡文名稱（cédula de identificação policial），意即警方發出用於識別身份的憑證或字據。事實上，葡文 cédula（憑證、字據）的本意是一種用於產生特定法律效力的書面文件，因此身份證在嚴格的法律意義上，並不具備足以證明個人民事身份的核心功能，翻譯的謬誤更產生這種「身份證」實際上根本不是身份證的尷尬局面。而有別於認別證申請表格中的「申請人」（requerente）的稱謂 [34]，身份證的申請表格把申請人稱為「請求人」（suplicante），多少帶有強調權力距離的味道。

另一方面，即使身份證在法律上不具有全面的身份證明效力，但畢竟持有這種證件的人比較多，行政當局在實務上仍容許澳門的非葡籍華人以之證明身份，甚至作為非葡籍認別證的替代，例如容許他們以身份證考取駕駛執照（原來的規定是持有認別證的人士才可考取）或報考治安警察（原來的規定是只有葡萄牙公民才可報考）。行政當局亦於 1964 年頒佈訓令，著公共部門在發出准照或從事登記之前，必須要求申請人出示包括身份證在內的文件以證明其身份（譯文見附錄四）[35]。更甚者，連 1969 年頒佈的《澳門省入境、逗留及長期居留章程》也規定海外華僑在獲批准居留澳門後應領取身份證：如果身份證的原意是用於前往香港，則部分海

外華僑在本身已持有外國護照作為旅行證件的情況下，再向澳門警方申領身份證實屬多此一舉。由此可見，身份證在澳門早已超越了原有的法定功能，儼如澳門非葡籍華人的固定身份證明文件，亦便利警察部門通過發證舉措為澳門的非葡籍居住人口開立檔案。

表 1.1：認別證與身份證登載的個人資料一覽

個人資料	認別證	身份證
編號	○	○
姓名	○	○
父母姓名	○	○（1961 年起）
出生地	○	
出生日期	○	○（1961 年起）
年齡		○
婚姻狀況	○	○
居住地	○	
澳門住址		○（1952-1961）
職業	○（1957-1974）	○（1952-1981）
身高	○	
身體特徵	○	
指紋	○	○
有效期	○	○
簽名	○	○
附註	○	
無犯罪紀錄聲明		○（1952-1961）
欄目中文說明		○（1968 年起）

然而，即使行政當局長期以來變通接受居民以身份證證明自己的身份，在程序上自 1964 年開始又為第 7465 號訓令所確保，仍未能根本解決澳門社會長期以來因居住人口持有證件不同，而導致其享有的法律權利不一致的不公平狀況。隨著不少的身份證持證人在澳門落地生根，他們的法律權利缺乏保障的問題亦逐漸凸顯出來。礙於當時葡萄牙對海外地區的制度設計，即使澳葡當局意識到問題所在，仍因本身並無相關立法權限而無法獨力解決。隨著葡萄牙中央當局自 1976 年起大幅度向澳門地區下放行政立法權限，澳門行政當局在 1981 年 11 月 11 日頒佈第 40/81/M 號法令 [36]，相對全面地確立身份證的地位和功能，規定凡在澳門居住的任何華籍人士（指非葡籍華人）得申領由澳門治安警察廳發出的身份證，並明確規定「身份證係足以向有關當局、政府機關或私人證明持證人身份之證件」（第 2 條）。新的身份證分為 I 式（6 歲以上者持用）和 II 式（兒童身份證）兩種，I 式身份證的有效期為 5 年，設有固定的編號，後來更進一步規定 40 歲以下人士持有的 I 式身份證有效期為 5 年，年齡在 40 至 50 歲之間的持證人的身份證有效期為 10 年，50 歲或以上人士持有的身份證終身有效 [37]。上述規定加上身份證在 1984 年先後獲承認為澳門地區公證行為中用作證明當事人身份的文件 [38]，以及其持證人獲准投考公務人員職位，不再以是否具備葡萄牙國籍作為任用標準 [39]，連同自 1976 年起可作為選民登記的居住年期證明，此時身份證的功能才與認別證趨

同,並對非葡籍華人的身份證明產生真正的法律意義。

居留證(Título de Residência)

「居留證」又稱「外僑居留證」,是澳葡當局發出的身份識別文件中歷史最久遠的一種,其發放對象是外國人,不包括中國人和領事人員,前身是 1907 年簽發的永久居留證(título de residência permanente),不設有效期,至 1935 年改稱居留證後,同時設定有效期為一年,可以續期 [40]。至 1937 年,居留證的有效期改為每年 12 月 31 日,持證人須在次年 1 月 15 日之前續期 [41]。

居留證的發放對象在 1990 年擴展至所有在澳門居留的持香港身份證人士。隨著行政當局在 1995 年設立投資移民制度,獲批准的申請人及其家團成員也獲發放居留證,而居留證亦開始分為兩種:有效期為一年並可每年續期的臨時居留證(título de residência temporária,俗稱「黃咭」),以及在澳門連續居住 7 年後發出的永久居留證(título de residência permanente)。

按照 1969 年頒佈的《澳門省入境、逗留及長期居留章程》的規定,發放居留證的原意是用於證明持證人可在澳門長期居留,持證人外遊後亦可憑居留證證明自己有返回澳門的權

利。由於葡萄牙法律不存在「當地居民」的概念，而且居留證的性質與早年發放身份證的原意相近，因此它在澳葡當局發出的各種身份識別文件中效力屬最不完整的其中一種，尤其在法律行為中不能足以證明持證人的民事身份。事實上，在身份證於 1984 年成為當局在公證行為中承認為身份證明文件的同時，居留證一直未能取得同樣的地位。不過，長期持有居留證的持證人此時已可以之作為居住年期證明參加選民登記。

臨時逗留證（Título de Permanência Temporária）

「臨時逗留證」（葡文簡稱 TPT）是澳葡當局分別在 1982 年和 1990 年，為解決無證勞工和非法移民在澳門的逗留問題而發出的一種權宜證件，因 1982 年發出的證件式樣有一藍色斜條，故俗稱「藍帶證」。由於持證者最終都獲發身份證或澳門居民身份證，因此臨時逗留證成為無證勞工和非法移民在澳門逗留合法化，並最終成為澳門合法居民的踏腳石。

當局發出臨時逗留證的主要目的，是作為准許無證勞工和非法移民繼續留澳和免被遣返的憑據，雖屬身份識別文件的一種，但持證人明確地不被當局承認具有居民資格[42]。初期的持證人享有的權利只有在澳門地區內的行動自由，一旦在澳門干犯刑事罪行會即時被遣返。而在 1990 年取得臨

時逗留證的人士，則享有取得公共衛生護理和註冊入學的權利，後來他們可以憑證申領「中華人民共和國入出境通行證」（俗稱「一次性回鄉證」，2007 年改稱「中華人民共和國出入境通行證」）和葡萄牙「外國人護照」（Passaporte para Estrangeiros[43]）探親和外遊[44]，以及考取駕駛執照[45]。證件在 1991 至 1994 年換領期間，當局都加上一條對角線以資區別，顏色分別是紅色、綠色、黃色和白色。

非本地勞工身份咭（Título de Identificação de Trabalhador Não-residente）

澳葡行政當局自 1988 年起輸入外地勞工，並向其發放「非本地勞工身份咭」（俗稱「藍咭」），當中列明持證人受僱機構。2010 年，非本地勞工身份咭易名為「外地僱員身份認別證」，改用信用卡式設計並增設光學閱讀代碼，加快通關效率。2021 年 3 月 14 日，當局開始發放智能卡式藍咭，方便政府部門間信息互通，而新設計的卡面不再登載證件的有效日期，免卻續期時須同時更換證件的不便。採用「身份咭」或「身份認別證」（título de identificação）等詞，有避免外界誤會持證者具有澳門居民身份的用意。

綜上所述，澳葡行政當局根據葡萄牙的法律規定發出認別證，由主管戶籍管理的民政部門負責簽發。雖然認別證的簽

發對象長期以葡萄牙公民為主，但「外國人認別證」的出現意味著葡方希望藉著發出認別證以加強居住人口管理，在當時屬真正意義的身份證明文件。至於保安當局則負責發出用於赴港旅行的「身份證」、證明外籍移民在澳門長期居留的「居留證」，以及赦免非法移民的「臨時逗留證」，前二者的原本目的尤其是滿足外地機關對核實持證人與澳門的關係的要求，與認別證用於證明持證人的民事身份（不論其是否葡萄牙公民）存在根本分別。四種證件的法律地位不盡相同，導致持證人在澳門享有的權利亦不盡相等。然而，隨著外來移民逐漸在澳門落地生根，為滿足他們在日常生活上的各種需要，並便利當局處理行政工作，警方簽發的「身份證」的地位逐漸提升，其法律地位至 1980 年代已幾乎與認別證平起平坐了。

註

1 參閱 Silva, CN (2009). *Constitucionalismo e Império — A Cidadania no Ultramar Português.* Coimbra: Almedina. pp. 23-43 及 Secretária Geral do Govêrno (1913). *Compilação das Disposições Ministeriais e Provinciais de Execução Permanente e Outras, Publicadas nos Boletins Oficiais da Província de Angola (De Janeiro a Maio de 1913).* Loanda: Imprensa Nacional de Angola. pp. 18-19.

2 Decreto n.º 37196. *Diário do Governo (I Série)*, n.º 277, 27 de Novembro de 1948. pp. 1314-1315.

3 Decreto-Lei n.º 40610. *Diário do Governo (I Série)*, n.º 106, 25 de Maio de 1956. pp. 551-553.

4 *Collecção Official de Legislação Portuguesa (Anno de 1906).* pp. 459-460.

5 *Boletim Official de Macau*, n.º 34, 24 de Agosto de 1907. pp. 276-277.

6 Diploma Legislativo n.º 1796. *Boletim Oficial de Macau*, n.º 27, 5 de Julho de 1969. pp. 1035-1052.

7 Osterhammel, J (1995). *Kolonialismus: Geschichte — Formen — Folgen.* Munich: CH Beck. p. 21.

8 Silva, CN (2009). *Constitucionalismo e Império — A Cidadania no Ultramar Português.* Coimbra: Almedina. pp. 23-43.

9 Silva, CN (2009). *Constitucionalismo e Império — A Cidadania no Ultramar Português.* Coimbra: Almedina. pp. 23-43.

10 *Collecção Official de Legislação Portuguesa (Anno de 1909).* pp. 279-281.

11 Lei n.º 2016. *Diário do Governo (I Série)*, n.º 117, 29 de Maio de 1946. pp. 437-443.

12 Decreto n.º 36987. *Diário do Governo (I Série)*, n.º 171, 24 de Julho de 1948. p. 120.

13 *Boletim da Provincia de Macau e Timor*, n.º 27, 17 de Julho de 1886. pp. 251-254.

14 *Collecção Official de Legislação Portuguesa (Anno de 1905).* pp. 503-504.

15 關於中葡兩國勘定澳門邊界談判的經過,參閱吳志良(2010)。《澳門政治制度史》。廣州:廣東人民出版社,第 150-158 頁。

16 Melancia, C (2010). Os Desafios da Transição. In Barreto, LF (ed., 2010). *Rumos de Macau e das Relações Portugal-China (1974-1999)*. Lisboa: Centro Científico e Cultural de Macau, IP. p. 115.

17 「咭」為廣州話,音「kaat1」,「卡」之意。

18 *Collecção Official de Legislação Portuguesa (Anno de 1907).* pp. 270-271.

19 Portaria n.° 51. *Diário do Govêrno*, n.° 211, 9 de Setembro de 1913. p. 3410.

20 Decreto n.° 4837. *Diário do Govêrno (I Série)*, n.° 209, 25 de Setembro de 1918. pp. 1728-1730.

21 Decreto n.° 5266. *Diário do Govêrno (I Série)*, n.° 56, 19 de Março de 1919. pp. 426-427.

22 Decreto n.° 12202. *Diário do Govêrno (I Série)*, n.° 188, 26 de Agosto de 1926. pp. 1142-1145; Decreto n.° 14747. *Diário do Govêrno (I Série)*, n.° 280, 19 de Dezembro de 1927. pp. 2377-2380.

23 *Diário do Govêrno (I Série)*, Suplemento ao n.° 209, 22 de Dezembro de 1932.

24 Decreto-Lei n.° 38662. *Diário do Governo (I Série)*, n.° 47, 29 de Fevereiro de 1952. pp. 353-356.

25 Decreto n.° 40711. *Diário do Governo (I Série)*, n.° 162, 1 de Agosto de 1956. pp. 1234-1245.

26 *Diário do Governo (I Série)*, n.° 90, 19 de Abril de 1957.

27 Agência para a Modernização Administrativa (2013). *6 Anos de Simplex*. pp. 98-99.

28 手續包括：用葡文撰寫申請書（稟紙），列明本人、父母姓名、籍貫、在澳地址，經立契官（公證員）確認簽署筆跡後呈交市行政局，經市行政局派員核實地址後約一星期發出，全部費用約 20 澳門元，現值 250 澳門元。見〈申領澳門居留證，須辦各手續〉，《華僑報》，1951 年 12 月 22 日，第 3 版。

29 Portaria n.° 5165. *Boletim Oficial de Macau*, n.° 20, 17 de Maio de 1952. pp. 333-334.

30 此許可證在 2000 年 4 月 1 日起停止簽發，其功能由澳門簽發的《澳門居民往來香港特別行政區旅遊證》取代。

31 Portaria n.° 6740. *Boletim Oficial de Macau*, n.° 15, 15 de Abril de 1961. pp. 405-406.

32 Portaria n.° 7477. *Boletim Oficial de Macau*, n.° 8, 22 de Fevereiro de 1964. p. 234.

33 蔡凌霜（編）（1965）。《澳門工商年鑑（1964-1965）》，第一篇，第 15 頁。

34 Decreto n.° 40711. *Diário do Governo (I Série)*, n.° 162, 1 de Agosto de 1956. pp. 1234-1245.

35 Portaria n.° 7465. *Boletim Oficial de Macau*, n.° 6, 8 de Fevereiro de 1964. p. 165.

36 *Boletim Oficial de Macau*, Suplemento ao n.° 45, 11 de Novembro de 1981.

37 Decreto-Lei n.° 51/82/M. *Boletim Oficial de Macau*, n.° 38, 18 de Setembro de 1982. p. 1611 注意年齡在 50 歲的持證人的證件有效期或有重疊之處。

38 Decreto-Lei n.° 51/84/M. *Boletim Oficial de Macau*, n.° 24, 9 de Junho de 1984. pp. 1232-1233.

39 Decreto-Lei n.° 86/84/M. *Boletim Oficial de Macau*, n.° 33, 11 de Agosto de 1984. pp.

1785-1799.

40 Portaria n.º 1959. *Boletim Oficial de Macau*, n.º 46, 16 de Novembro de 1935. pp. 1415-1416.

41 Portaria n.º 2412. *Boletim Oficial de Macau*, n.º 52, 25 de Dezembro de 1937. p. 824.

42 Decreto-Lei n.º 49/90/M. *Boletim Oficial de Macau*, n.º 35, 27 de Agosto de 1990. pp. 3202-3203.

43 原稱「發給外國人之護照」,又稱「無國籍護照」(「無國籍」指沒有葡萄牙國籍);因性質與港英當局簽發的「身份證明書」,即英文 Certificate of Identity 相似,故民間跟隨香港而稱作 CI。

44 Decreto-Lei n.º 16/91/M. *Boletim Oficial de Macau*, n.º 8, 25 de Fevereiro de 1991. p. 774.

45 Decreto-Lei n.º 55/93/M. *Boletim Oficial de Macau*, n.º 41, 11 de Outubro de 1993. p. 4135.

CHAPTER

2

非法移民合法化
（1982-1990）
——加強居留管理的
社會催化劑

2.1 非法移民的由來及其合法化的背景

踏入 1970 年代，澳門經濟起飛，工商業發展蓬勃。按照歷
年消費支出和公共收入等統計數據估算，在 1970 至 1979
年間澳門本地生產總值的年平均實質增長率在 20% 左右，
10 年間的經濟規模擴張 3.86 倍，強勁的經濟增長趨勢更一
直維持至 1983 年 [1]。另一方面，中國內地在 1978 年開始實
行改革開放政策，不少內地居民通過申請單程通行證來澳，
但更多卻因為申請程序冗長而選擇通過不合法的途徑偷渡來
澳。這些內地人士不論合法來澳與否，都及時填補了澳門本
地勞動力緊絀的缺口，但當中的非法移民為澳門產生社會治
安，以至官員涉嫌貪腐的問題。當局自 1980 年採取突擊行
動拘捕非法移民並將其遣返中國內地以來，逐漸意識到非法
移民為數甚鉅，難以悉數搜捕，加上多數非法移民出於改善
生活而偷渡來澳，並非為非作歹，甚至為了取得合法身份而
被犯罪集團欺騙。一些官員亦看準非法移民渴求盡快取得合
法居民身份，涉嫌瀆職舞弊，尤其以 1983 年的「民政廳大
地震」事件最為突出 [2]。

如何讓這批對澳門經濟多少作出貢獻的人在澳門的逗留合法化與嚇阻偷渡人潮之間取得平衡，成為當局構思解決非法移民問題之道。由於當時澳門地區生效的居留法律制度（第1796 號立法性法規《澳門省入境、逗留及長期居留章程》）明確排除「由中華人民共和國而來之中國人」受該制度的規範（第 2 條 a）項）[3]，當局不能根據該法規向這批非法入境者發放身份識別文件，但考慮到這些人來澳的主要目的是尋找工作，而澳門當時又尚未制定禁止僱用無證人士的法例，當局因而以此為切入點，尋求通過草擬新例而發出一種新的證件，准許這些無證勞工逗留在澳門工作。

2.2 1982 年無證勞工登記行動

1982 年 2 月 18 日，當局以準備草擬禁止僱用無證人士條例為理由，邀請澳門中華總商會、澳門廠商聯合會、澳門出口商會（今澳門出入口商會）、澳門建築置業商會和澳門毛織毛紡廠商會（通稱「五大商會」）代表到仁伯爵醫院禮堂召開閉門商談，會上提及管制非法移民的具體措施，並促請與會者對會議內容保密。由此有理由相信，當局一方面向廠商社團表示將尋求以發出證件的方式解決無證勞工和非法移民問題，另一方面在技術處理上尋求廠商社團配合，以便行政當局爭取時間草擬法例的具體細節。而五大商會後來接受當局委託展開的前期準備工作有兩項：統計人數、登記資料。

在五大商會與當局會面的消息見諸社會後，社會出現仿效香港發出「綠印身份證」（向居住未滿 7 年者發出的身份識別文件）做法的聲音，建議當局先登記無證居住人口，若干年後如果沒有犯罪且有工作證明，便向其發出身份證，認為先掌握資料有助日後圓滿解決問題。經過四次商談，在 3 月 8

日舉行的第五次商談中初步確定，以登記商會會員僱主僱用的無證勞工資料作為工作方向。3 月 13 日，五大商會聯合公佈，15 日起舉行為期 10 天的無證勞工登記統計，由僱主分別填報企業內無證勞工、無證勞工的家屬，以及合法居民的無證家屬人數，再由五大商會收集後，於 26 日呈交澳門保安部隊司令部，共得出無證勞工人數約 23,800 人、無證勞工家屬約 3,000 人、合法居民的無證家屬也有約 3,000 人的統計結果 [4]。

1982 年 4 月 2 日，澳門保安部隊公佈解決無證勞工問題的第二步：從 6 日起由廠商負責登記無證勞工及其家屬的個人資料，經警方審查後向其發放「臨時逗留證」（時譯「臨時居留證」）。為審慎起見，登記表格共一式三份：第一聯根由接受登記的勞工保管，暫作身份識別之用；第二聯根由僱主保管；第三聯根由警方存檔，並根據聯根上的編號分批安排被登記勞工到治安警察廳領取臨時逗留證。另一方面，行政當局在 4 月 12 日頒佈第 18/82/M 號法令（禁止僱用無證人士），為發出臨時逗留證提供法律基礎和依據，理順了發證的基本目的。商會在 4 月 26 日完成登記資料並呈交警方後，警方由 5 月 1 日起分批發出臨時逗留證，直至 7 月 12 日結束，趕及在上述法令生效當天完成所有發證工作。警方一共發放了 24,016 張臨時逗留證。警方從 1984 年 5 月 21 日開始為臨時逗留證的持證者分批換發身份證，至 1985 年 5

月 29 日基本結束，期間共發出約 23,400 張身份證 [5]。

臨時逗留證是保安當局給予原屬非法入境的內地人士在澳門合法工作和自由活動的憑據，其效力在當局後來發表的通告中也加以說明：「根據一九八二年四月十二日頒佈的第 18/82/M 號法令，頒發了『臨時居留證』，該證件原意為使持有人能在澳門當局面前證明其獲准在本地區居留，但並不給予持有人以其它法律效果，亦並不允許持有人用於超越上述法令所規定範圍的任何其它目的。」[6] 儘管當局極力否認此舉為「特赦」[7]，但縱觀是次登記無證勞工行動的過程，當局以先發出臨時逗留證，再等待時機成熟才發放身份證的做法，根本與特赦無異，而此舉在客觀上亦產生既可避免偷渡人潮大規模湧入造成澳門社會震盪，又給予本地社會時間消化和接納這批人士的效果。無怪乎當時報章評論亦稱之為「對非法入境者不叫特赦的『特赦』」、「對非法入境者既然不赦又赦了」[8]。

「龍的行動」

由於臨時逗留證的發證原意是把非法勞工在澳門的就業情況合法化，合法居民中沒有就業的無證家屬，以及無證勞工的子女都不涵蓋在發證範圍之內。因此，1982 年的無證勞工登記行動其實只是局部解決澳門非法移民問題。對於沒有涵蓋在發證範圍內的人士在澳門逗留的合法化問題，澳葡當局並無即時處理，最初的原因是警方經審查後發現有大量的虛報個案，因而選擇「一刀切」不予發證。另一個原因是按照葡萄牙（澳門）民法原則，未成年人必須與父母居住。換言之，只要父母是合法居留，而又能證明他們與子女的血親關係，子女合法居留問題不大，這就給予行政當局留待日後解決的空間。事實上，在無證勞工登記和發證行動結束後，有關臨時逗留證的條款在修訂禁止僱用無證人士的法例時（即 1985 年 6 月 25 日第 50/85/M 號法令）得到保留，在一定程度上又反映當局有意再度通過發放臨時逗留證，作為解決餘下問題的手段之一。

然而，五大商會早在當局決定為無證勞工登記具體資料時，已表明不認同先為無證勞工及其家屬登記發證的做法，在1982年4月5日發表的「書面談話」中呼籲行政當局應在實施禁止僱用無證人士條例之前，徹底解決非法移民問題，「因為這個問題十分複雜，牽涉面廣，如不認真研究，慎重處理，勢必不利於澳門的安定」，又警告「今後事情發展，概由政府負責」[9]。就是因為行政當局當時未有徹底解決非法移民問題，已領取臨時逗留證或身份證的原無證勞工，出於家庭團聚的目的而選擇繞過向內地公安部門申請單程通行證的漫長程序，把他們滯留在內地的子女帶來澳門，有些甚至連父母、兄弟姊妹、配偶、姻親等親屬也接濟過來。除了原來的無證勞工家庭之外，不法分子也看中當局的缺失，不斷在內地尤其是廣東、福建兩省散播「特赦」謠言以吸引他人偷渡來澳謀利，偷渡者也甘於冒險，博取將來獲得登記的機會。這導致偷渡潮一直未見放緩[10]，更衍生出無證學生問題，為日後進一步展開的登記行動埋下伏線，再加上澳門進入政權交接的過渡時期後本地政界的內部矛盾日趨複雜化，在多種因素交互影響下，最終爆發1990年「三・二九事件」。

當時的無證兒童在抵達澳門後，兩大源流學校——分別由傳統華人社團和天主教會（包括澳門教區及修會）主辦的學校——以至一些小型的夜校和英文班，都本著有教無類的精神，並因外地慈善團體開始減少以至停止捐助澳門教區，

或是因當局向私立學校提供的資助微薄，出於充實資源的考慮而錄取他們，一方面讓他們能接受正規教育，照顧其成長需要，另一方面透過收取學費使學校得以維持營運。根據時任立法議員何思謙在 1986 年掌握的不完整統計數據，在 40 所向其提供資料的學校中，共錄得 603 名無證學生，有半數以上的父母都具有合法居留權[11]。另一方面，由於當時各校對學生的資料登記未盡完善，有部分家長當初為其無證子女報讀時曾冒稱持證，故實際人數更多。隨著這批無證學生漸漸長大，完成學業指日可待，其畢業後的出路問題逐漸浮現，為澳門社會的長遠穩定埋下了計時炸彈。

分別在 1986 至 1987 年和 1987 至 1991 年出任過澳門總督的馬俊賢（Joaquim Pinto Machado）和文禮治，不約而同地在回顧各自任內工作的文章中對解決在澳非法移民問題的往事隻字不提[12]，在一定程度上反映出澳葡當局在邊境管理方面的無力感，進一步揭示問題的複雜性。由於當時本地警力薄弱，加上澳門陸上仍未與連接內地的拱北設立出入境事務站，沿河沿海一帶更幾乎處於「不設防」狀態（1982 至 1990 年間澳門警力統計見表 2.1），當局一旦作出解決問題的決定時，如果沒有中方的必要配合，單靠澳門本地的力量勢必陷入失控境地。所以，對於解決無證學生以至非法移民的問題，當局只能在中方以及澳門民間團體的配合下，無聲無息地謹慎展開。

表 2.1：澳門地區警力統計（1982-1990）

年份	警員人數	年終人口估計	年終人口與警員比例
1982	1,771	261,713	147.8
1983	2,111	276,911	131.2
1984	2,176	288,774	132.7
1985	2,306	290,633	126.0
1986	2,036	301,480	148.1
1987	2,523	312,207	123.7
1988	2,575	319,786	124.2
1989	2,985	330,410	110.7
1990	2,991	339,510	113.5

註：包括治安警察廳及水警稽查隊警員
資料來源：歷年《澳門政府公報》及《統計年鑑》

事實上，在馬俊賢於 1986 年 6 月就任澳門總督之前，高斯達（Vasco de Almeida e Costa）總督任內的澳葡行政當局已著手準備解決無證學生的方案。當時擬解決無證學生問題的基本策略是通過發放「學生證」凍結無證學生現狀，再伺機向其發放身份證。1986 年 2 月，有消息傳出指當時的教育文化司正籌備向全澳學生（不論其是否持有身份證明文件）發出學生證，雖然對外宣稱的原因是統計學生人數「以便日後擬訂教育事務工作的計劃」[13]，但從事件往後的發展觀察，當局似乎在客觀上尋求通過登記學生個人資料，為解決

問題踏出第一步。馬俊賢就任澳門總督後，尋求以新的思路探索解決辦法。由於澳門總督自 1981 年起，已多次把有關外地人在澳門居留事宜的權限轉授予澳門保安部隊司令 [14]，這在程序上使保安司令（或澳門保安部隊）成為第一責任人。馬俊賢就任後也沿用此一做法 [15]，因此試圖把解決問題的責任推給澳門保安部隊。

馬俊賢在 7 月 22 日為新任保安司令傅英偉（José Fernando Proença de Almeida）監誓的就職儀式上，首次提出解決非法移民問題的兩個步驟：由澳門保安部隊從源頭阻截，並從人道主義立場出發，解決在澳無證家屬問題。但是，傅英偉在答辭中僅認為，澳門保安部隊有充足的人力和物力堵截非法入境渠道 [16]，更在隨後回答中文傳媒的書面提問時明確表示，保安司令僅負責執行法律，解決無證家屬問題屬政治決定，應由行政當局研究方案 [17]。由此可見，保安當局僅認為自己在外地人居留事宜上只有執行權限，行政當局則認為既然有關權限已經轉授，應先由保安當局制定方案再交由行政當局考慮。雙方對於各自權限的不同理解，隱約折射出行政當局與保安當局之間對於解決問題的取態，甚至對於應該由誰牽頭解決問題，已開始存在一定的分歧。

馬俊賢沿襲高斯達在 1982 年實施無證勞工登記行動相似的「資料登記」策略，結合從源頭堵截非法移民並行的思

路，嘗試整合行政當局和保安當局力量徹底解決問題。1986 年 10 月，時任教育文化政務司高秉倫（Mário Ferreira Cordeiro）向媒體透露正展開具體工作，聲稱早前「已搜集本澳無證學生的資料，如居澳的時期等」[18]。高秉倫所指的資料搜集工作，相信是指行政當局 10 月份委託澳門中華教育會和天主教澳門教區開展的行動。為防止引發偷渡潮，此事秘密展開，澳門中華教育會更在 10 月 29 日特別召開會議研究執行方案，決定具體的實施辦法為：由會方於 10 月 31 日 11 時召集 29 所會員學校（大部分屬於傳統華人社團主辦的學校，亦有小量由基督新教團體主辦的學校）的負責人開會，要求當日 12 時 30 分之前把全校在讀學生名單交會方封存，期間不得向外界透露消息。14 時，由校方向學生和家長宣佈為在讀無證學生登記的消息：凡在 14 歲以下，當年 9 月 30 日前入學，父親或母親為合法居民的無證學生可辦理登記；而超過 14 歲又未滿 18 歲，能證明在 14 歲之前已在澳門就讀的無證學生，以及父母離世但有監護人在澳門合法居留的無證學生，可登記資料予保安當局參考。初步登記於傍晚學生離開前結束，詳細的登記工作在後來數天繼續執行；而天主教澳門教區事前亦按照保安司令的要求，在屬下和修會主辦的學校內秘密辦理[19]。

另一方面，馬俊賢總督在 1987 年 5 月 26 日發出批示，設立一個由澳門保安部隊的步兵中校鍾壽盛[20]為主席的常設工

作組與廣東省有關方面接觸，適時解決粵澳邊境問題[21]，但由於馬俊賢在 5 月 30 日突然辭職，接續的工作隨之停頓。在文禮治於 7 月接任澳門總督後，教育司在 11 月份開始向全澳學生統一發放學生證，規定只有持有學生證的同學才能就學，如此一來，無證學生的現狀即告凍結，而各校另外在 1988 年 11 月 22 日為合資格學生補辦登記，向無證學生發放身份證的條件和時機此時已基本成熟。

1989 年 1 月 9 日，保安當局在知會中方並向澳門主要民間社團和學校解釋行動詳情後，對外宣佈在 10 至 11 日為在 1989 年 1 月 31 日未滿 18 歲、並未接受澳門中華教育會和天主教澳門教區在 1986 年和 1988 年登記而又符合條件的無證青少年登記，事前已作登記的無證學生則由治安警察廳派員到校確認，並向其發給領取身份證憑條。由於展開這次行動正值中國生肖年龍年的年尾，故以「龍」（dragão）為代號，俗稱「龍的行動」（Operação Dragão）。整個行動共登記了 9,603 人，包括公開登記部分的 5,611 人和到校確認部分的 3,992 人，通過甄審後獲發身份證的約 4,500 人[22]。從行動成果可見，獲發身份證的青少年中絕大部分都是過去曾在學校登記的無證學生，通過公開登記並符合資格獲發身份證的只有 500 多人，其餘不符合資格的人數已隱約折射出當時澳門非法移民問題的嚴重程度。為堵截有人趁機渾水摸魚，澳門保安部隊在登記行動進行期間又調配警力在沿岸和

市內各處截獲 573 名偷渡者 [23]。同一時間，毗鄰的廣東省珠海市有數以千計內地人士湧到拱北口岸，當地軍警在拱北、灣仔一帶拘留 200 多人 [24]。

「三・二九事件」

與 1982 年無證勞工登記行動一樣，「龍的行動」並未完全解決澳門非法移民的問題，當局只能通過「龍的行動」的資料登記而掌握受惠者父母一方或兩者都是無證居民，即所謂「無證父母」的情況。1989 年 2 月 28 日，葡萄牙共和國總統蘇亞雷斯（Mário Soares）訪問澳門，翌日前往附設於總督府內的立法會，在準備發表演說途中遇到兩名家長戲劇性請願，請求介入釋放被拘留的無證妻子。蘇亞雷斯承諾與澳門總督商量解決問題，著其以後不需要再前來請願，總督自會處理，並向在旁警官著令一定要在下午釋放她們，不能因為這次請願而被遣返。3 月 3 日，蘇亞雷斯參觀媽閣廟時，又遇到一名警員請願，請求為其妻子發證。

在澳門的葡裔社群看來，蘇亞雷斯遇到的兩次請願，是促使行政當局後來徹底解決無證居民問題的重要因素，儘管他們並無證據支持其觀點。記者基達斯（João Guedes）在接受葡萄牙新聞社（Lusa）同工訪問時認為：「大家都預見到這是

一個有需要解決的問題，卻沒有人有勇氣推動這件事情，直到蘇亞雷斯那次事件之後。」基達斯又提到有關工作一直以「最高機密」形式籌備。[25] 事實上，行政當局早在 1988 年已與立法議員曹其真（廠商代表）、吳榮恪（出入口商代表）、劉焯華（勞工團體代表）、何思謙（曾關注無證學生問題）等組成一個非正式的工作小組，斷斷續續地商討解決方案，但對解決問題的時機和技術細節卻一直未有共識。有份參與小組工作的時任立法議員何思謙，在接受香港電視節目訪問時認為，行政當局意識到非法移民問題複雜，但對於是否全部都發給證件還是只發給部分合資格者，則一直猶豫不決，是造成後來「三‧二九事件」混亂局面的重要原因 [26]。

另一方面，並未獲邀參與有關工作的另一位立法議員聯同 1989 年當選的一名市政議員在 1990 年 1 月以「調查在本澳已經定居多年的內地移民，長期未能申請他們在內地的直系親屬來澳團聚的情況」[27] 為理由，展開題為「助你家人團聚」的「社會調查」並公開派發「問卷」，一度引發 500 多人誤會為當局展開新一輪登記而包圍兩人的議員辦事處，結果警方不得不出動驅散 [28]。由於二人事前並未通知警方，因而引起對方不滿，一直跟進有關工作的其他政界人士亦對二人的舉動甚感不滿。

1990 年 3 月 27 日，澳門保安部隊司令部宣佈總督已在 3 月

23 日簽署批示，將自 4 月 2 日起分批向在「龍的行動」中獲發身份證的未成年人的無證父母發出身份證，涉及人數約 4,200 名[29]。據聞此事事前並未知會傳統華人社團和有關工作小組的立法議員，也只是在消息發佈前數小時知會新華社澳門分社外事辦公室，請求轉告內地有關方面到時加強戒備[30]。消息在 16 時經澳門電台公佈後，大批與發證條件不符的無證人士在 17 時開始陸續在士多鳥拜斯大馬路的治安警察廳身份證科門前聚集，被警方驅散後轉到南灣街（今南灣大馬路）總督府前聚集，人數越來越多，有人甚至動用貨車載人前來聲援，至 28 日凌晨已達 700 人左右。保安司令傅英偉與請願者代表商談後，著其組織一個小組作為代表，繼續與保安司令部接觸，研究解決辦法，但由於在場人士對於小組的組成意見分歧，局面僵持[31]。

3 月 28 日 10 時 30 分，總督文禮治返回總督府上班，15 分鐘後派人接見請願者，請他們選出代表並起草請願信，列出訴求，到 11 時許選出 6 名代表，聯同凌晨自動請纓的兩名代表分頭前往保安司令部和總督府談判，結果保安司令要請願者離開總督府才能談判，而澳門總督辦公室則著請願者代表與保安司令詳細研究，請願信則轉交予總督。請願者頓變「人球」之餘，行政當局與保安當局之間面對如此局面仍似乎缺乏應有的彈性，亦再次暴露出彼此長期以來的分歧。14 時左右，請願者提出要在 17 時前與總督對話，否則絕食

回應。經過一輪擾攘，總督辦公室在 19 時發出通告，宣佈把向無證父母發出身份證的措施押後 45 天，並著令示威者於 20 時前離開，否則有機會被遣返。然而，該通告的第五項卻提到：「但示威者得對本身採取此種公開立場的理由準備有依據的陳述，由各組類似情況的人士在澳門保安部隊司令部作出。因為行政當局在得到立法會的合作下，真正樂意在適當時考慮示威者所採取態度的公平性。」[32] 這段文字表面上符合由馬俊賢就任總督以來一貫主張由保安當局收集意見，經其轉交行政當局的程序，但又暗中帶有當前的混亂局面是由保安當局事前安排不當而造成，與行政當局無關的意味。行政當局與保安當局的分歧至此已表露無遺。

總督辦公室的通告發出後，警員陸續抵達現場，於 20 時 20 分開始向總督府兩邊分別展開驅散行動。另一方面，攜同小孩的請願者則由警方安排大卡車載離現場，被帶往位於關閘的特警總部辦理登記手續[33]，原先已被驅離的人群見狀又重新集結。保安司令傅英偉指示治安警察廳廳長馬英時（António Martins Dias）在現場設站登記無證人士，並於事前知會總督。22 時，警方先在總督府西側的羅飛勒前地（燒灰爐口）設點登記在場人士，一小時後又在總督府東側的南灣里附近設點，但只登記攜同小孩的父母。其他收到消息的無證居民一夜之間湧到中區，人潮從亞美打利庇盧大馬路（新馬路）大西洋銀行一側的出口，沿內港方向伸延至金碧

娛樂場原址（今金碧文娛中心）。

3月29日2時，警方宣佈登記地點改在關閘特警總部對面的警察球場，原本在中區聚集的人士於是向球場靠攏，期間曾發生擁擠，場面混亂。由於警察球場至5時已告爆滿，警方接納當時在場的諮詢會委員、商人廖澤雲向逸園賽狗會請求開放狗場的建議，獲會方同意後安排車輛接載婦孺到該處安置，其餘人士則自行前往，但由於現場擠迫混亂，6時曾險釀成人踏人事故。鑒於情況緊急，保安司令部臨時聯絡新華社澳門分社外事辦公室，請求拱北口岸延遲開始通關時間。

眾人前往狗場後，警方在7時將大門關閉，至11時30分才完全控制場面並開始為場內人士登記，手續包括套取指模和發出收條，到17時35分左右完成。由於保安司令部下午發出通告，訂截止接待時間為21時，警方於是繼續為在場外等候的人士登記，在19時左右指揮他們進場，但期間因保安部隊學員前往增援時，被輪候者誤會為「截龍」而再度釀成人潮擠壓事故。整個登記過程在21時45分全部完成。警方同時在氹仔警司處和柯維納馬路澳門賽馬會對開設立登記站，為離島的無證居住人口登記，至16時結束。這次行動共接受45,053人登記[34]，在特警總部、警察球場和逸園狗場等處的人潮擠壓事故共造成100多人受傷，警方全天先後鳴槍共11響以遏止混亂場面[35]。

為所有無證居住人口登記，始終只是權宜之計，特別是總督辦公室 28 日傍晚發出通告後的事態發展，凸顯行政當局在局面的控制上處於下風。基達斯認為，當時「總督（文禮治）感到進退兩難，所有人都感到進退兩難，而且總督在別無選擇之下才不得不求助於保安司令，然後才說『把所有在澳門的人都給我合法化』」[36]。而行政當局對於登記完成後的下一步工作何去何從，亦似乎並無頭緒，反因個別保安部隊人員在登記結束後翌日，誤信有關加薪立法許可的謠傳而前赴總督府抗議，更導致有立法議員被毆打，加上里斯本方面派出兩名武裝部隊代表來澳，研究《澳門組織章程》修改後因保安司令部將被裁撤而衍生的架構銜接問題，順道了解「三·二九事件」的經過，使得文禮治總督必須先處理澳門保安部隊的內部問題[37]，再研究下一步行動。

4 月 9 日，總督以內部批示成立一個名為「九〇登記無證人士協調委員會」（Comité Coordenador da "Operação Indocumentados/90"，下稱「協調委員會」）的工作小組，而澳門的民間社團——澳門中華總商會、澳門廠商聯合會、澳門出入口商會、澳門建築置業商會、澳門毛織毛紡商會、澳門工會聯合總會、澳門街坊會聯合總會和澳門銀行公會亦組成一個工作委員會，共同研究下一步行動的方案。在各方的努力下，原定 90 天內向總督提交方案的要求，結果在 4 月 23 日便完成。據曾參與協調委員會工作的澳門身份

證明司司長馬秀明（Salomé Madeira）透露，當局希望發證工作能在 1991 年人口普查開始之前完成，藉以取得更準確的人口統計資料[38]。總督在 4 月 30 日簽署第 49/GM/90 號批示，確定臨時逗留證的式樣[39]。當局決定在 5 月 7 日至 7 月 31 日開始為已登記的無證人士記錄個人資料（稱為「資料認別」），藉以撤除外地僱員、已受居留法例規範的人士和遊客等。協調委員會和工作委員會此後繼續討論甄審的分類和發給臨時逗留證的資格，藉以覆核資料。經認別資料後，通過資格甄審的有 30,312 人。當局自 8 月 27 日起發出臨時逗留證，至 10 月 3 日結束，最終有 26,838 人領證。至於「三‧二九事件」的起因——對「龍的行動」中發現的無證父母的發證工作，最後通過個別通知的方式處理，最終有 3,088 人獲發臨時逗留證[40]。換言之，通過「龍的行動」和「三‧二九事件」而獲發臨時逗留證的非法移民共 29,926人。這批持證人在澳門出生的子女亦獲發臨時逗留證，故而持有該證的人數逐年增加（見表 2.2）。

表 2.2：換領臨時逗留證統計（1990-1995）

年份	換領人數
1990	29,926
1991	30,528
1992	31,140
1993	31,299
1994	32,030
1995	749

註：當局因籌備發放澳門居民身份證而於 1995 年停止為臨時逗留證續期，該年數據為首次領取者。
資料來源：《華僑報》（1992 年 12 月 29 日、1993 年 12 月 28 日、1994 年 12 月 22 日、1997 年 3 月 19 日）

綜上所述，澳葡當局儘管意識到有解決非法移民問題的必要，並從原來的單純強制遣返，轉變至強制遣返與合法化並行的策略，但由於在非法移民合法化的初期未有果斷和徹底解決問題，導致偷渡潮在 1980 年代一直無法遏止，更因為無證兒童的出現，而導致事態發展至瀕臨人道危機的邊緣。從 1982 年無證勞工登記行動到隨之產生的「龍的行動」和「三・二九事件」，直接受惠於非法移民合法化的人數約 6 萬人。即使不將複合效應考慮在內，歷次非法移民合法化行動不但導致可在澳門合法逗留和居住的人口暴增，而且大幅度地改變本地的社會結構，其深遠影響完全在當時的行政當局以至整個澳門社會的意料之外，為行政當局在展開社會

發展規劃時帶來額外的考慮和承擔。而雖然「龍的行動」是「三‧二九事件」發生的導火線，但「三‧二九事件」本質上是當局被動作出的一次權宜性登記行動，與「龍的行動」由當局主動發起並具針對性的登記行動不同，「三‧二九事件」只是「龍的行動」的枝節，二者不能混為一談。「三‧二九事件」不能被稱為「龍的行動」。事實上，當局在事件發生後把有關的登記行動命名為「九〇登記無證人士行動」（Operação Indocumentados/90）。

在非法移民合法化進行期間，正值本地華人開始廣泛參與社會政治事務，使之一度成為華人社群中非主流政治陣營試圖藉以爭取支持的議題，但由於處理手法有別於傳統方式，明顯欠缺周詳考量，對徹底解決問題的原有進程造成干擾。至於「三‧二九事件」爆發的背後，是否牽涉澳門保安部隊對無證父母登記的技術安排出現意見分歧，甚至保安部隊內部人事糾紛以至時任葡萄牙總統的角色等傳聞，至今仍沒有實質證據支持這些說法，部分與事件有關的人物亦基於專業操守而從未發表評論 [41]。後來一名葡萄牙記者在蘇亞雷斯的授意下所撰寫的傳記中，關於澳門的部分亦並無提及此事 [42]。然而，可以肯定的是，行政當局和保安當局在 1982 年無證勞工登記行動上合作無間的局面，隨著人事更迭而對授權和被授權權限，以至對應遵程序的理解產生不一致而有所改變，導致非法移民合法化進程的中後期彼此對解決餘下問題

的策略和方法出現分歧，是事態發展最終即席選擇以全面合法化結束的直接和核心原因。而從 1990 年 3 月 27 至 29 日期間急轉直下的整體事態發展觀察，結合葡萄牙共和國主權機關與澳門總督的分工，以及當時的社會政治環境分析，葡萄牙總統有可能在訪澳期間遇到個別人士的請願之後，向澳門總督了解過有關情況，但至於會否實質介入以至作出具體指示，這些空間實際上相當小，故而其發揮關鍵作用的可能性也相當低；澳門總督和保安司令等澳葡當局官員，在事件中的直接和主導角色較大。

另一方面，中方在澳門非法移民合法化的進程中亦扮演重要的角色，除了一直在不同的公開和私人場合向葡方表達徹底解決非法移民問題，以維護澳門社會穩定的願望之外，還在「龍的行動」和「三‧二九事件」期間配合澳葡當局，加強維持與澳門接壤地區的社會秩序穩定，並有理由相信在歷次登記結束後，皆曾提供已登記人士的資料予澳葡當局用於審查其背景。非法移民合法化的進程作為 1980 年代澳門經歷的重大社會事件之一，是澳門社會史的重要構成部分，它對澳門社會產生的巨大影響，直接導致澳葡當局決心加強澳門地區的居留管理，通過立法改革居留制度、遏制鼓勵非法移民的犯罪行為，以及完善出入境檢查網絡，為建立居民身份證制度提供充分的支撐。

註

1 參考陳震宇（2016）。《澳門長期經濟發展趨勢剖析（1960-2015）》，《行政》總第 112 期，第 63-91 頁。最新估算數據沒有發表。

2 「民政廳大地震」事件是指 1980 年代初民政廳官員在發放證件和證明書上涉嫌瀆職舞弊的刑事案件。葡萄牙司法部 1983 年因發現一批於 1982 至 1983 年間在澳門發出的葡萄牙護照卷宗出現問題，遂下令澳門司法警察廳展開調查，結果揭發有集團涉嫌利用偽造中國護照申領非葡籍認別證，據報數量達 600 多張，亦揭發有澳門及香港居民在不諳葡語的情況下，仍成功取得葡萄牙國籍並領取護照，懷疑主管部門民政廳的官員參與其中。葡萄牙司法部 10 月 17 日根據調查結果，下令澳門司法警察廳拘捕時任民政廳代廳長巴路士（Gastão Humberto de Barros）等 4 人。法院其後分兩案審理，在非葡籍認別證案件中，首被告巴路士 1985 年被判處 5 年 6 個月徒刑，但因葡萄牙總統在 1986 年 6 月 11 日頒佈同時適用於澳門地區的全國特赦令而獲減刑。巴路士 1987 年在發出認識葡語證明書案件中被列為第四被告，被判處 4 年徒刑，其後獲假釋。與此案有關的原民政廳人員 1985 年被當局撤職，1986 年依法改為強迫退休處分。全部被告在 1992 年獲里斯本上訴法院以證據不足為理由宣告無罪。事件導致葡萄牙原有海外行政組織在澳門的基礎架構——民政廳、澳門、海島市行政局和路環行政分所被裁撤，由行政暨公職署（今行政公職局）取代，意外地使澳門行政體系非殖民化的進程大幅提前。事件亦導致時任總督高斯達（Vasco de Almeida e Costa）放棄原本將澳門身份證明文件的發放工作統一劃歸民政廳辦理的計劃，而另設澳門身份證明司，並從葡萄牙聘任人員來澳專門負責有關工作。涉案的民政廳代廳長巴路士，為《號角報》（O Clarim，現為天主教澳門教區機關報章，其葡文版是澳門發行時間最長的同類語種報章）創辦人之一，曾任海島市行政局局長、澳門市行政局副局長、局長、民政廳副廳長，於 2019 年逝世。

3 Diploma Legislativo n.° 1796. Boletim Oficial de Macau, n.° 27, 5 de Julho de 1969. pp. 1035-1052.

4 〈五會昨呈資料，保安司發消息〉，《華僑報》，1982 年 3 月 27 日，第 4 版。

5 〈藍帶證共發二萬四千餘張，換領身份證兩萬三千餘份〉，《華僑報》，1985 年 5 月 30 日，第 2 版。

6 澳門治安警察廳第 ID1/85 號通告，1985 年 11 月 28 日。引文中的「居留」應理解為「逗留」（permanência）。

7 參閱〈明天起十日內作僱員登記，五會及廿三屬會負責工作〉，《華僑報》，

1982 年 3 月 14 日，第 4 版及〈截登記後偷渡客減少，昨天全日只拘獲一人〉，
《華僑報》，1982 年 3 月 27 日，第 4 版。

8　〈檢討缺點，堵塞漏洞〉，《華僑報》，1982 年 4 月 11 日，第 2 版。

9　〈五會發出書面談話，對當局做法存異議〉，《華僑報》，1982 年 4 月 6 日，第 4 版。

10　關於歷年在澳居住無證人口估計，參閱 Cónim CNPS e Teixeira MFB (1998).
Macau e a sua População, 1500-2000: Aspectos Demográficos, Sociais e Económicos.
Macau: Direcção dos Serviços de Estatística e Censos. p. 247。原著中序列的標題為
「獲本地區行政當局合法化的非法移民」，由原著作者根據 1991 年人口普查結
果重組得出。然而，由於該表僅以「年份」表示「抵澳年份」，加上標題表述
含糊，容易使讀者以至研究人員誤會行政當局每年都實施非法移民合法化。

11　〈無証學生有六百多人，處境困難合理解決〉，《華僑報》，1986 年 10 月 24 日，
第 3 版。

12　參閱 Barreto, LF (ed., 2010). *Rumos de Macau e das Relações Portugal-China (1974-
1999)*. Lisboa: Centro Científico e Cultural de Macau, IP.

13　〈教育司擬統一發學生證，便利搜集資料訂定計劃〉，《華僑報》，1986 年 2 月
20 日，第 3 版。

14　首部訓令見 Portaria n.° 102/81/M. *Boletim Oficial de Macau*, 2.° Suplemento ao n.° 27,
8 de Julho de 1981. p. 1023.

15　Portaria n.° 93/86/M. *Boletim Oficial de Macau*, Suplemento ao n.° 29, 21 de Julho de
1986. Página única.

16　〈澳督提出處理無證居民的步驟〉，《華僑報》，1986 年 7 月 22 日，第 4 版。

17　〈傅英偉指稱屬政治問題，保安司只遵從法律行事〉，《華僑報》，1986 年 8 月
29 日，第 4 版。

18　〈政府關注無証學生問題，將採取有關措施去解決〉，《華僑報》，1986 年 10 月
28 日，第 3 版。

19　參閱〈教育會登記無證學生今截止，所得資料即日向教育司遞交〉，《華僑報》，
1986 年 11 月 5 日，第 4 版及劉羨冰（2019）。〈澳門回歸的歷史歲月〉，《炎黃
春秋》，2019 年第 12 期，第 32-35 頁。

20　鍾壽盛，帝汶華僑後裔，客家人，1960 年代曾赴莫桑比克參與葡萄牙的殖民戰
爭，軍隊中人多取其姓氏稱之為「Chung」。1975 年葡萄牙非殖民化進程結束後
赴葡，1984 年來澳出任澳門保安部隊行動暨情報科主任，1985 年升任參謀長，
1988 年任期屆滿後返葡，最高軍階至陸軍上校。曾任葡中世代友好聯合會（Liga
da Multissecular Amizade Portugal-China）副理事長、會員大會副主席、高等委

員會助理秘書長、葡萄牙中華總商會（Associação de Comerciantes e Industriais Luso-Chinesa）顧問等。

21　Despacho n.° 32/GM/87. *Boletim Oficial de Macau*, n.° 24, 15 de Junho de 1987. p. 1635.

22　〈四千無證父母獲准發證，羅樂祺稱下週一起辦理〉，《華僑報》，1990 年 3 月 28 日，第 2 版。

23　〈曾接觸中國及多個社團，聽取意見解釋行動詳情〉，《華僑報》，1989 年 1 月 13 日，第 1 版。

24　〈澳門特赦無證學生拱北數千人欲過關，當局嚴加防範已拘二百多人〉，《華僑報》，1989 年 1 月 13 日，第 9 版。

25　*Soares e a "Operação Dragão"*，Lusa，2017 年 1 月 7 日電。該篇報道講述的是 1990 年「三・二九事件」，但記者誤稱之為「龍的行動」。

26　電視廣播有限公司（1990）。《星期一檔案：趕登記》，1990 年 4 月 2 日。

27　〈填表只是作一項調查，非再次登記無證人士〉，《華僑報》，1990 年 1 月 15 日，第 2 版。

28　〈誤認為無證親屬登記，五百人聚集引起混亂〉，《華僑報》，1990 年 1 月 17 日，第 1 版。二人曾於 1989 年 10 月就澳門歸僑狀況主動展開過類似調查，並將結果資料送呈澳門保安部隊。一般認為此舉實際上是「助你家人團聚調查」的「熱身」。「三・二九事件」發生後，有關「調查」停止辦理，「家庭團聚」議題亦有一段時間歸於沉寂。有關人士在 1992 年的第五屆立法會選舉中競逐連任失利後，又參加過 1996、2001 和 2005 年的立法會選舉，同樣並未當選。其於 2004 年參與籌組「澳門家人團聚促進會」，並多次針對澳門居民在內地成年子女赴澳團聚議題發起遊行請願。時任行政長官一度在立法會全體會議上對此公開表達不滿。該會最後一次請願行動約在 2009 年初組織，同年 9 月份宣佈有關工作轉由一名在任立法會議員跟進。此後澳門社會仍斷斷續續出現涉及類似議題的遊行請願行動，但已由其他組織舉辦。

29　參閱〈四千無證父母獲准發證，羅樂祺稱下週一起辦理〉及〈保安司令部發證通告，下午四時由電台首播〉，《華僑報》，1990 年 3 月 28 日，第 2 版。

30　〈在「澳門事件」的背後（下）〉，《華僑報》，1990 年 4 月 2 日，第 5 版。

31　參閱〈七百黑民督轄示威，要求澳府一視同仁〉，《華僑報》，1990 年 3 月 28 日，第 1 版及〈無證大軍包圍警廳督轄〉，《華僑報》，1990 年 3 月 28 日，第 2 版。

32　參閱〈澳督辦公室發出通告，向請願者作五點宣示〉及〈警方清場驅散靜坐羣眾，攜小孩無證者另行處理〉，《華僑報》，1990 年 3 月 29 日，第 3 版。

33　〈警方清場驅散靜坐羣眾，攜小孩無證者另行處理〉，《華僑報》，1990 年 3 月

29 日，第 3 版。

34 〈已登記無證者明起辦理認別資料手續〉，《華僑報》，1990 年 5 月 6 日，第 1 版。

35 〈整日登記工作過程尚順利，入場見混亂百人擠踏受傷〉，《華僑報》，1990 年 3 月 30 日，第 3 版。

36 *Soares e a "Operação Dragão"*，Lusa，2017 年 1 月 7 日電。該篇報道是關於 1990 年「三·二九事件」，但記者誤稱之為「龍的行動」。

37 最終副司令羅保泰（José Henrique Rola Pata）和參謀長羅樂祺（Nuno Roque）4 月 4 日被免職，即時生效；司令傅英偉 4 月 6 日呈辭，4 月 26 日返葡。

38 〈馬秀明認是「愉快的結束」，稱臨逗證者對澳門有貢獻〉，《華僑報》，1996 年 12 月 19 日，第 4 版。

39 Despacho n.° 49/GM/90. *Boletim Oficial de Macau*, n.° 19, 7 de Maio de 1990. p. 1635.

40 〈二萬六千八百多人，獲發給臨時居留證〉，《華僑報》，1990 年 10 月 31 日，第 5 版。

41 Rádiotelevisão Portuguesa (1990). *Telejornal*, 4 de Abril de 1990; 10 de Abril de 1990.

42 Vieira, J (2013). *Mário Soares — Uma Vida*. Lisbon: A Esfera dos Livros.

70 │ 非法移民合法化（1982-1990）──加強居留管理的社會催化劑

CHAPTER 3

澳門居民身份證的推行

3.1 本地化進程 —— 建立澳門居民身份證制度的政治基礎

1974 年葡萄牙發生軍事政變，由此產生的新政權實行非殖民化政策，讓非洲海外屬地和東帝汶脫離葡萄牙行政管理而獨立。鑑於澳門是中國領土，葡萄牙在取得中方的默契後得以暫時維持由其負責行政管理的狀態。另一方面，1976年實施的新《葡萄牙共和國憲法》（*Constituição da República Portuguesa*）明確排除澳門在葡萄牙領土以外，並規定澳門仍受葡萄牙行政管理時，由適合其特別情況的通則約束，使澳門的政治法律地位發生根本的變化。

澳門自 1976 年開始，即進入本地化進程的歷史新頁，並隨著澳門前途問題解決而得以提速。通過制定全新的《澳門組織章程》（*Estatuto Orgânico de Macau*），葡萄牙中央當局把不少行政和立法權力向澳門地區下放，澳門的公共行政體系此時亦與原葡萄牙海外行政系統脫鈎，成為澳門地區專屬，而葡軍在 1975 年底撤離後，新成立的澳門保安部隊開始負責澳門的內部保安工作。雖然當時仍有相當部分的行政、立

法和司法權力歸屬葡萄牙共和國的主權機關，澳門保安部隊的領導層仍由葡萄牙武裝部隊人員擔任，但與以往澳葡當局幾乎事無大小都要請示里斯本中央當局的情況相比，已有顯著的改變。

中葡兩國在 1979 年建交後，於 1986 年就澳門的前途問題展開談判，並在 1987 年 4 月 13 日簽署關於澳門問題的《聯合聲明》，確定中華人民共和國在 1999 年 12 月 20 日恢復對澳門地區行使主權，同日設立中華人民共和國澳門特別行政區，根據「一個國家，兩種制度」的方針授權當地實行高度自治。葡萄牙針對政權交接先後在 1990 年和 1996 年修訂《澳門組織章程》，進一步向澳門地區下放權力，使澳門保安部隊的領導層文職化，並推行「三化」進程——法律本地化、公務員本地化，以及中文成為澳門地區正式語文並加強其應用，以便澳門的政治行政框架和高度自治權，在最大程度上能與政權交接後的澳門特別行政區銜接。

另一方面，《聯合聲明》附件一（中華人民共和國政府對澳門的基本政策的具體說明）首次提出「澳門特別行政區居民」的概念，這意味著澳門法律傳統上以國籍作為界定人在法律上的身份標準，不能完全與將來澳門特別行政區的法制銜接，在法律本地化的進程中有必要適當引入「澳門居民」的概念，以取代國籍作為判定資格或能力的標準，以體現主權

的恢復行使、體現《中華人民共和國國籍法》中不承認雙重國籍的原則、回應「一國兩制」在居留管理實踐上的實際需要，並消除居民之間因為國籍不同而導致本地社會出現差別待遇的不公平狀況。澳門地區政治、行政、法律、司法體系等社會制度的本地化進程的展開和深入，為居民身份證制度的確立構成了必要的前提，並奠定其政治基礎。

3.2 澳葡當局過往發出統一身份證的嘗試

澳葡當局在 1990 年代之前曾四次嘗試建立統一的身份證制度，但全部都不成功。第一次嘗試是在 1923 至 1925 年間，當局藉籌備在澳門警察廳（Comissariado de Polícia de Macau，治安警察廳的前身）內增設負責刑事紀錄管理的「認證兼科學驗證所」（Pôsto de Identificação e Investigação Scientífica）的機會而發出「認證片」（bilhete de identidade），以配合警方將來的刑事調查工作。有關的法規提案在 1923 年 11 月公佈（提案的理由陳述譯文見附錄一），並附擬發出的認證片的式樣，其設計與當時葡萄牙本土地區發出的認別證基本相同，僅註明在日後正式發出時應在各資料欄目中加上中英文表述。按照當時的設想，認證片的有效期為 5 年，其效力將獲澳門所有當局、部門等承認和法律保障。所有在澳門的葡萄牙公民和外國人（不包括華人）可自願申領，而公務人員則強制申領，並計劃在一年內完成簽發程序。條例生效後從外地到任的公務人員如果沒有領取認證片，不得就職[1]。

議例局（Conselho Legislativo）在 1924 年 1 月 7 日召開會議討論該議案，焦點集中在「誰可領取認證片」上。其中國課署（Serviços de Fazenda）署長提出在澳門居住滿一年的所有人應強制申領認證片，但總督羅德禮（Rodrigo José Rodrigues，又譯羅理基，時譯羅德利古）不同意此項建議，認為這樣意味著從事體力勞動的工人、苦力等華人都必須申領，有違設立證件的原意；官醫局（Serviços de Saúde）代局長亦不同意，認為有強加於人的意味。檢察官則認為可採用間接方式，例如在業務部門主管要求下必須出示，以達至強制申領的效果。輔政司則極力反對華人須強制持證的建議，認為當局並無足夠手段執法，而且提案沒有提出相應的刑罰，不希望法例日後成為一紙空文；而由於各部門主管的要求可以相當主觀，執行上存在困難，故不同意檢察官的建議。結果，有關包括華人在內的所有澳門居住人口須強制持證的建議不被接納。國課署署長又建議持證人在認證片上的簽名可作為筆跡證明，卻由於這項建議超越澳門的立法權限而被否決。而有關公務人員沒有領取認證片不得就職的規定，則在國課署署長的建議下明確為當局可拒絕支薪 [2]。

當局在 1924 年 1 月 30 日頒佈立法條例的最終文本（譯文見附錄二）[3] 時，由於官印刷局（Imprensa Nacional de Macau）配備的中文字模（粵語稱「字粒」）字型較粗大，排版效果使中文比葡文突出而沒有同時頒佈證件式樣。事實上，官印

刷局在準備為當期《澳門憲報》排版時，已口頭向當時負責承印仁慈堂彩票的鏡海印務總局（Typographia Mercantil de N.T. Fernandes e Filhos）請求提供字型較幼小的中文字模，並於 1 月 25 日正式發函提出，但該公司卻延至 5 月 16 日函覆，以遺失公函為理由請求官印刷局提供擬需要的中文字樣，獲對方於兩天後提供原來擬公佈的式樣。鏡海印務總局收到回覆後，向官印刷局提供重新排版後的式樣，但其中用以標示膚色的「面色」（Côr da pele）一詞被誤植為「面式」，大概是出於「色」與「式」在粵語同音，使排版工人混淆的緣故。與此同時，有關方面擬就認證兼科學驗證所的規章，獲上級在 1924 年 6 月 23 日批示公佈，並備妥排版稿 [4]。巧合的是，澳門警察廳在 1924 年 7 月 16 日換上了新廳長，而羅德禮總督亦於同年 8 月離任，認證片的式樣和驗證所的規章一直沒有公佈，事情不了了之。

對於「土著」人口的身份識別，葡萄牙在 1933 年頒佈規範海外屬地地方行政和行政程序的《海外行政革新》（Reforma Administrativa Ultramarina）法令中曾規定當局必須對「土著」居民實施登記，向其發放用於識別身份的金屬片。這項規定在澳門並無實行，而安哥拉、莫桑比克等海外屬地則自 1926 年起已陸續向當地的「土著」居民發放「土著登記摺」（Caderneta Indígena），並一直沿用至 1961 年「土著」制度被完全廢止為止 [5]。「土著登記摺」除了用於識別「土著」

居民的身份外，還作為持證人使用公共交通工具的憑證 [6] 以及已繳納相關年度「土著稅」的證明，惟有關制度實際上未能切實執行 [7]。

第二次嘗試是 1957 年發放葡萄牙的認別證。當時的認別證分為「國民認別證」（俗稱「葡籍認別證」）和「外國人認別證」（俗稱「非葡籍認別證」）兩種，當局向在澳門居住的葡萄牙人以及在澳門出生的葡裔人士和華人發放葡籍認別證，至於其他非本地出生又與葡萄牙沒有聯繫的人士，按照法律原意理應獲發非葡籍認別證。事實上，當局亦打算以這兩種葡萄牙身份證明文件取代原來由本地治安警察廳發放的「身份證」，但由於申領葡萄牙認別證的手續繁複且所費不菲，加上不少居民本身已持有身份證，而有關特定職業須強制領取認別證的規定又沒有嚴格執行，導致不少居民認為認別證的應用範圍不如原本規定般強制和廣泛。即使後來當局下調申領認別證的費用，並且容許申請人以證人取代須出示出生證明，仍未能改變居民的觀念。因此，除了公務人員和「高尚職業」的執業人員等與行政當局往來較多者外，居民申領認別證，尤其是非葡籍認別證的意欲不大，更造成葡萄牙「認別證」和澳門警方「身份證」在澳門社會長期並存的局面。

當局在 1976 至 1977 年間再度計劃以非葡籍認別證取代身份

證,但由於證件上沒有註明首次發出日期,導致港英當局以未能證實持證人的居澳年期為理由,而不獲接納為有效證明文件作訪港用途,統一身份證的嘗試再度以失敗告終。1983年,行政當局為清理「民政廳大地震」事件中的非葡籍認別證申請卷宗,同時為整頓一人持有多於一種身份證明文件的情況,通過行政政務司頒佈批示[8],規定同時持有非葡籍認別證和身份證持證人,在為其非葡籍認別證續期時,應聲明放棄身份證。然而,由於並非所有持有身份證的居民都同時持有非葡籍認別證,行政當局的此一規定並未達至以非葡籍認別證取代身份證的客觀效果,反而因為非葡籍認別證持證人放棄身份證而不能前往香港,對他們造成多年困擾,結果由當局發出證明書,讓這些人士在赴港時附同非葡籍認別證以及港英當局發出的旅遊香港許可證入境,才算解決這個問題。此一做法也在另一方面導致部分居民為求往港方便而情願繼續持有身份證,不願為其非葡籍認別證續期。在隸屬保安當局的治安警察廳和隸屬行政當局的澳門身份證明司的卷宗資料互不相通的情況下,當局的這份批示不但沒有解決居民證件卷宗混亂的局面,反而在 1980 年代有所加劇。

澳葡當局第四次發出統一身份證的嘗試是高斯達總督在 1984 年設立澳門身份證明司(Serviços de Identificação de Macau)作為簽發各類身份證明和旅行證件的唯一部門後,頒佈第 79/84/M 號法令建立「認別証」制度中的「電腦認別

証」（bilhete de identidade emitido por computador，摘譯見附錄五）[9]。這也是最接近成功的一次嘗試。當局原本計劃在 1985 年發放新身份證，預計發放 35 萬張，為期約 15 個月[10]，期間還修改相關的法律制度以完善相關的規定[11]，又編訂相關的電碼和粵語譯音的字音表，明確規定「載有中文姓名連同其有關譯音之官方文件及登記，其上必須註明其相應之密碼號數」[12]，為新身份證附註中文姓名電碼創造條件。事實上，附註電碼是作為解決漢字字音音譯不同而產生潛在混淆的手段，特別是上述新訂的字音表全面省去了過往沿用的變音符號，有些字音更採用了 1943 年葡文書寫規則的字母表以外的字母（即 k、w 和 y）[13]，因而出現同一漢字在本地社會有兩種甚至幾種音譯並行的情況，例如「黃」字如用作姓氏時循尊親譯音，即可能是舊譯 Vong 或現譯 Wong；「國」的字音可能是舊譯 Cuoc、Kuoc 或現譯 Kuok 等等。當然，附註電碼並不能夠完全解決上述的問題，尤其是異體字或個別漢字被其他漢字佔用電碼的情況，但畢竟此仍為可取之舉。另外值得一提的是，葡萄牙在 2006 年起開展電子政務工程，民事登記檔案管理近年已全面實現信息化，這使持有葡萄牙公民證和旅行證件的澳門居民，在更換這些證件後所登載的譯音姓名被恢復至出生證明登載的原有譯音姓名，從而導致在上述字音表未生效之前出生的人士，如今有機會因同時持有不同證件而具有兩種不同的粵語姓名音譯，例如在葡萄牙證件中「秀」字的字音被恢復沿用舊譯 São，但澳

門則採用 Sao。

新身份證的主體顏色最初為藍色，後來改為棕色，大小與信用卡相同，正面登載持證者的中葡文姓名、中文姓名的電碼、出生日期、出生地點、父母姓名、婚姻狀況、國籍、首次領證日期、本次證件發出日期、證件到期日，並以激光技術刻印持證人的容貌；背面為持證人的指模和簽名，還計劃印有葡萄牙共和國國徽。當局為發放新身份證而耗資 600 萬元（2020 年約值 2,225 萬元）購置整套設備，包括數據儲存系統和證件製造儀器 [14]，但後來因為採購程序延誤而延遲計劃發證的時間，已到期的認別證和警方身份證亦獲行政當局延長有效期。另一方面，由於第 79/84/M 號法令中關於辦理葡萄牙認別證申請手續時不再限制出生證明有效期的規定，影響由澳門發出的葡籍認別證的法律地位 [15]，故需要先通過葡萄牙的立法程序承認澳門葡籍認別證的效力之後，方可發放新身份證，以保障持有葡籍認別證的澳門居民的權益不受影響。及至 1986 年底，當局又發現原先訂購的過膠機影響證件成品的質量，甚至有可能需要完全更換製作證件的卡紙，這對發證工作造成進一步的拖延。而關於承認由澳門發出的葡籍認別證效力等同葡萄牙本土的法令終於在 1989 年頒佈 [16]，但此時澳門已進入政權交接過渡時期，新身份證的發放事宜因而需要通過中葡聯合聯絡小組磋商並取得共識後才能實施。至此，由 1984 年便開始籌備的新身份證發放工

作，再度以失敗告終，取而代之的是 1992 年建立的居民身
份證制度。

3.3 居留制度的改革和居民身份證制度的建立

隨著澳門地區在 1980 年代末進入政權交接過渡時期，社會制度的本地化在中葡兩國的合作磋商之下進入了深化階段，建立居民身份證制度的政治基礎至此已逐漸穩固。而 1990 年發生的「三・二九事件」，其規模雖然在行政當局和社會的預計之外，但當局即席選擇以全面合法化結束事件，為積壓並困擾澳門社會良久的非法移民問題提供了徹底解決的機會。在二者相加的背景下，行政當局在改革居留制度和堵截非法移民時，已具備成熟的社會條件支持工作。

澳葡當局自 1955 年 10 月 1 日開始對來自香港的輪船乘客實施證件檢查，是為澳門地區出入境檢查安排的開端。最初的做法是當局派遣稽查人員在登岸的吊橋上為旅客檢查證件，鑒於此舉對工作造成不便，亦有礙檢查效率以至稽查人員的安全，當局於是在 1963 年底改在碼頭的建築物內設置櫃枱查驗。而由於澳門並未劃定陸地邊界，與內地接壤的關閘長期以來均未設有出入境檢查，直至 1980 年代初，澳葡當局開始構思在關閘設立檢查站，以阻截非法移民並統計出

入境人數，但礙於中葡雙方尚未就持單程通行證來澳定居人數達成協議，後來又有澳門前途問題談判等因素而一直未有落實，直到文禮治接任澳門總督後才再次提上議事日程中，並在 1988 年 5 月訪問北京時曾向中國領導人討論過有關構思，粵澳雙方亦通過 1987 年成立的「粵澳邊防協調工作小組」等機制對此事交換過意見。

經過一輪籌備，關閘邊檢大樓工程在 1990 年 8 月開始動工，但在動工不久的 10 月 13 日即已設立臨時檢查站，除了檢查出入境居民和旅客的證件外，還設立車輛檢查站，加強來往兩地的車輛和貨物的檢查。相比起原定在 1990 年底設立臨時檢查站的時間表，提早設立的主要原因是美國海關在 9 月曾派員到澳門工廠調查針織品生產情況，核實其產地來源。由於當時澳門的紡織廠陸續把工序北移，部分廠家涉嫌利用陸路關檢的漏洞把訂單轉到內地生產，使部分澳門紡織成品有違反產地來源要求之嫌，加上當時澳門正準備加入關稅及貿易總協定（General Agreement on Tariffs and Trade，世界貿易組織的前身），設立邊境檢查站是澳門加入協定的其中一項條件，而時任經濟事務政務司范禮保（Francisco Luís Murteira Nabo）亦已向美方承諾將在澳門設立邊境檢查站，以換取澳門紡織品的輸美配額。關閘邊檢大樓在 1993 年 2 月 15 日 7 時開放使用，當局在 1994 年 1 月 12 日補辦啟用儀式，並隨著澳門各出入境事務站同時完成電腦化以及

聯網，實現對居民和旅客出入境檢查的全面覆蓋。

而澳門地區的居留管理在 1980 年代開始亦逐步加強，例如當局在 1982 年頒佈第 18/82/M 號法令，明確禁止僱用非法勞工，在 1985 年修訂該法令時，進一步規定持香港身份證人士必須帶同回港證，向治安警察廳申領居留證明書（certificado de residência）才可留澳工作 [17]。1989 年，當局頒佈第 28/89/M 號法令 [18]，計劃發出「居留證」予所有在澳門定居的人士，但由於部分條文內容不清晰，且當時商界尤其對法令中關於持有香港身份證人士換領居留證的過渡性條文與主體條文一併解讀而產生誤解，以為法令規定的手續繁複，進而認為新例將影響澳門經濟發展，再加上關閘邊檢大樓其時尚未動工，將影響實施效果。在各方面條件未臻成熟的情況下，原定在 1989 年 7 月 3 日生效的法令於是被推遲 60 天實施 [19]，在 8 月 21 日再決定延長 120 天實施 [20]。另一方面，總督委任六人組成專責修改居留法令的委員會，由時任司法事務政務司孟敬賢（Manuel Magalhães e Silva）出任主席，全面檢討居留制度，其結果是 1990 年 1 月 31 日頒佈的第 2/90/M 號法令《入境、逗留及在澳門定居之法律制度》，在同年 8 月 1 日生效 [21]。

新的居留制度雖然基於葡萄牙（澳門）的法律原因而沒有明確提出「澳門居民」的概念，卻從制度上首次確立以符合條

件的澳門出生人士作為可自由進入、逗留和定居澳門而不受限制的唯一主體，排除葡萄牙公民在前述範圍之外。與此同時，來自中國內地和香港的人士首次明確納入居留制度的規範對象，這同樣是居留制度的一大突破。另一方面，新制度不再明確規定何種特定情況下可申請在澳門居留，僅提及當局審核申請的準則，包括申請人的前科、維生條件、逗留澳門的目的和可行性，以及和澳門居民的親屬關係，並規定在申請獲批准之後才繳納居留許可費。基於政權交接工作的需要，持中國外交或領事當局簽發旅遊證件的中國公民的居留許可費獲減半；取消原有居留制度設立的保證金，藉以增加當局在審批上的主動權，但整體上對外來人士的吸納仍相當寬鬆。

新制度另外取消華僑領取警方身份證、其他外籍人士領取居留證的做法，改為統一發放居留證，並分為兩種：須每年續期的臨時居留證和連續居住滿七年後獲發給的永久居留證。持單程通行證來澳的內地人士，則先前往治安警察廳辦理居留許可（autorização de residência），然後憑居留許可前往澳門身份證明司申領身份證明文件（此時為非葡籍認別證）。已在澳門定居並能提供證明的香港身份證持證人如無澳門的身份證明文件，則可在制度生效後兩個月內申領永久居留證，而當時經過此一途徑領取永久居留證的香港居民有11,600 人 [22]。

另一方面，1990 年 3 月 29 日因解決「龍的行動」餘下問題而引發的「三‧二九事件」，促使行政當局與立法會加緊對懲治非法移民的立法工作，以起阻嚇作用。立法會在 4 月下旬把有關工作列入優先處理範圍，並重新審議由議員提交過的有關法案，並且在行政當局的配合下迅速完成新的建議文本。鑑於《澳門組織章程》規定，涉及犯罪和刑罰的法律草案須經全體立法議員三分之二表決通過，而當時的立法會中，有相當部分議員須出席在 5 月初假杭州舉行的《澳門基本法》草案專題小組會議，又由於當局計劃在 5 月 7 日開始對「三‧二九事件」中獲登記人士展開身份認別工作，為應付可能出現的偷渡潮，立法會決定在 4 月 30 日召開會議。由於法案內容敏感，會方採取格外嚴厲的保密措施，不容許議員攜帶文本回家研究。經過 12 個小時的審議，立法會最終在 5 月 1 日凌晨一致通過法案，並於 5 月 3 日刊登《澳門政府公報》，翌日生效。法律對一系列與非法移民有關的犯罪，包括協助、收容、獲取利益、偽造證件、使用他人證件等規定 2 至 8 年不等的嚴厲徒刑刑罰 [23]。當局另外加緊在鴨涌河、黑沙環等鄰近廣東省珠海市的澳門半島沿岸設置鐵絲網加強堵截，亦取得一定成效：1990 年，被當局截獲並遣返的非法移民有 10,302 人，而在 1991 年則大幅下降至 6,106 人（見表 3.1）。雖然後來的人數仍有起伏，但整體而言，隨著內地邊防當局在堵截方面給予大力配合，加上內地改革開放的深入，經濟發展使居民生活逐漸得到改善，非法移民的人數開始呈現下降的趨勢。

表 3.1：歷年被遣返的非法移民統計（1988-1999）

年度	人數
1988	12,810
1989	21,303
1990	10,302
1991	6,106
1992	8,576
1993	6,554
1994	5,263
1995	6,594
1996	6,875
1997	4,756
1998	4,641
1999	3,434

資料來源：統計暨普查司／局（1989-2000）。歷年《統計年鑑》。

居留制度的改革和懲治非法移民法律的通過，連同關閘出入境檢查站的設立，都為澳門建立居民身份證制度，完善居住人口管理創造更充分的條件。隨著葡萄牙中央政府在 1989 年 4 月頒佈承認由澳門發出的葡籍認別證效力等同葡萄牙本土的法令 [24]，技術上已具備發放統一身份證的條件。然而，由於建立居民身份證制度此時已涉及澳門政權交接前後的制度銜接，因而有需要經過中葡聯合聯絡小組磋商才可實施。

聯絡小組是在 1989 年 12 月舉行的第 6 次會議中首次提及居民身份證問題的，當時的澳門身份證明司司長馬秀明曾作為澳葡行政當局的專家官員參加會議。聯絡小組在 1990 年 5 月舉行的第 7 次會議上，初步決定成立「澳門居民身份證工作小組」，以確定居民身份證的式樣。經過 9 月舉行的第 8 次會議確定工作小組成員名單後，11 月 14 日在澳門舉行首次會議。工作小組對居民身份證式樣的主要爭議在於能否帶有徽號（指葡萄牙共和國國徽）和註明持證人國籍，特別是後者：由於當時澳門居民中不少華人都是葡萄牙公民，而《中華人民共和國國籍法》亦視之為中國公民，並根據中葡《聯合聲明》中方備忘錄而僅承認其持有的葡萄牙護照為旅行證件，在中國領土並不享有葡萄牙的領事保護。如身份證上載明持證人的國籍資料，將導致居民身份證將無法過渡至澳門特別行政區成立之後。

結果，工作小組在 1991 年 3 月 13 日舉行的會議上達成初步共識，居民身份證不帶有徽號，不註明持證人國籍，僅用作表明持證人是澳門居民，將來的澳門特別行政區居民將憑護照區分國籍。聯絡小組在 4 月簽署有關澳門居民身份證問題的會談紀要，並在 9 月舉行的第 11 次會議上達成正式協議：第一次發出的居民身份證將載明有效期，而第二次換領時將不載明有效期，以便可過渡至澳門特別行政區成立，證件登載的資料不會有修改，但會修改設計式樣，並將提交聯

絡小組討論。而澳門身份證明司亦著手籌備發證工作，包括解決部分居民確認指模的技術問題，約見攝影院負責人解釋相片規格等。隨後，諮詢會在 1992 年 1 月 8 日首次討論澳門居民身份證制度法令草案，但由於有委員提出換領手續的細則問題，草案延至 15 日通過，並在 27 日刊登《澳門政府公報》[25]，2 月 1 日生效。澳葡當局歷年來建立居民身份證制度的嘗試，在此次終於成功。

3.4　澳門居民身份證的換領和特徵

確立澳門居民身份證（bilhete de identidade de residente，葡文簡稱 BIR 或 BIRM）制度的第 6/92/M 號法令初時被定為「足以向任何當局、公共部門或私立實體證明持有人之身份及其在澳門居留之文件」，意即澳門居民身份證原本在澳門以外都具有身份證明的法律效力，但由於操作困難，行政當局在 1995 年將其證明效力縮限在澳門地區內部，需要向澳門以外當局提供證明的持證人須另申請居住證明[26]。澳門身份證明司從 1992 年 2 月 10 日起正式辦理換領工作，首先為持有治安警察廳發出的身份證的人士換領，至 1993 年 9 月 24 日結束，並從 9 月 27 日起給予兩年寬限期為逾期辦理的持證人補領。第二批被安排換領的是葡籍和非葡籍認別證持證人，從 1993 年 11 月 3 日開始，到 1994 年 11 月 25 日結束。當局另外安排人員到學校、公共部門、老人院、機構和企業等為約 7 萬人辦理換證手續[27]。由於發證程序需時比預期慢，行政當局須另頒批示，確定以身份證和非葡籍認別證換領澳門居民身份證的工作在 1995 年 5 月 31 日終止[28]。

另一方面，當局在 1996 年 7 月 22 日開始為持有臨時逗留證的人士換領澳門居民身份證，為期六個月，其後進入補辦期，至 1997 年 3 月 18 日全部結束。而隨著澳門居民身份證的發放，當局停止發放非葡籍認別證，「證」出多門的歷史局面亦隨之結束。在整個換領期內，澳門身份證明司共發出 327,149 張澳門居民身份證（見表 3.2），與 1991 年人口普查得出總人口 339,464 相若[29]。

表 3.2：澳門居民身份證換領期內各類證件換領人數統計

證件類型	換領人數
警方身份證	163,760
葡萄牙認別證	130,610
臨時逗留證	32,779

資料來源：《華僑報》（1994 年 11 月 30 日及 1997 年 3 月 19 日）

在澳門特別行政區政府發出新的居民身份證之前，澳門居民身份證曾經有兩種式樣。第一代身份證的製作系統與香港當時使用的設備相同，大小與信用卡相同，採用感光紙列印持證人的資料和照片，過膠紙帶有以紫外線製作的安全圖案，為大三巴牌坊。第一代身份證的主體顏色為綠色和粉紅色，由不規則的「MACAU」和「澳門」葡中文字樣組成不規則的線條呈現主體顏色的效果，並帶有水印。綠色和粉紅色結合，在視覺上已產生葡萄牙共和國國旗主體顏色——綠色

和紅色結合的效果，背面的球體圖案讓人容易聯想起國旗上的渾天儀，這些特徵或有取代國徽的用意。第一代身份證的有效期最遲在 1998 年 12 月 31 日屆滿。

第二代身份證在 1996 年開始發出，具有更完善的安全特徵，其大小同樣與信用卡相同，採用感光紙列印持證人的資料和照片，過膠紙則加強安全特徵，以紫外線製作安全圖案和刻入圖案，產生凹凸的手感效果，而圖案仍然是大三巴牌坊。第二代身份證的主體顏色改用中性的藍色、粉紅色和淡紫色，繼續以不規則的「MACAU」和「澳門」葡中文字樣組成不規則的線條呈現主體顏色和鮮明花紋的效果，並帶有水印。證件的背面因應技術改進而加入國際民航組織標準光學閱讀代碼，載有證件編號、類別、發證地點和日期、持證人的出生日期、全名或縮寫姓名以及監控代號。引入光學閱讀代碼的主要目的是通過機讀而自動輸入資料，免卻人手輸入。第二代身份證的設計整體上比第一代更複雜，而花紋圖案鮮明，有從香港身份證中獲取靈感的痕跡。

澳門居民身份證採用持證人最近所持有證件中的原有證件編號共 6 位（不足者以 0 補上），前後另再分別加上編號各一。前面的編號為 1、5 或 7，分別代表持證人首次申領、持有認別證及身份證。由於原來持有由澳門行政當局簽發的葡萄牙認別證和警方身份證的居民，只會隨時間增長而

逐漸減少,故長遠而言 5 和 7 的編號屬過渡安排,亦可預見當編號 1 的序號全部用完後會啟用 5 和 7 以外的其他數字。至於後面的編號則為監控編號。此外,澳門居民身份證登載的出生地點以字母標示,分別是 A(澳門)、B(香港)、C(中國其他地區,包括台灣)、D(其他國家和地區,或地點不詳)。結合持證人證件編號和出生地點解讀,可大概知悉其可能的國籍,尤其是 1992 年前已持有認別證並在澳門出生的居民。澳門居民身份證以代號取代直接塗印持證人的指模,一般是右食指的指模,如不能套取則以左食指指模代替,再不能套取時以其他指模代替。因年幼等個別原因而不能套取指模時,則以 X 為代號。在 1996 年發出的第二代身份證中,再引入兩個代號,分別是遺失代號 E,以及表示持證人為臨時居留證持證人的 T。澳門居民身份證亦承襲了 1980 年代當局擬發出的新身份證的一些特徵,例如登載持證人中文姓名的對應電碼,以及首次發出日期等。如屬換領證件,證件上登載的首次發出日期是持證人首次取得原有證件的日期,藉以顯示持證人的居澳年期。

綜上所述,澳葡當局在歷史上曾多次嘗試以不同方法,在澳門地區發放統一的身份證明文件,但由於各種因素制約而未能成功。隨著澳門社會制度的本地化進程在 1976 年開始,並因前途問題解決而深化,加上在 1980 年代累積下來的非法移民問題在 1990 年以全面合法化結束,為當局加強居留

管理，特別是打擊非法移民、改革居留制度和完善出入境檢查網絡提供催化作用。而《聯合聲明》附件一首次提出「澳門特別行政區居民」和「澳門特別行政區永久性居民身份證」的概念，預示將來的澳門特別行政區會採用「澳門特別行政區居民」作為本地居留管理的基準，並將給予清晰和具體的定義，而且會確立全新的居民身份證制度，作為澳門特區居民證明自己的身份以及與澳門的關係的文件之一。為確保中國恢復對澳門行使主權時已具備一套在當地定居人士資料的基本檔案，建立居民身份證制度因而成為政權交接過渡時期的必要，以便將來的澳門特別行政區能根據《基本法》的規定確定他們的居民身份。

在建立澳門居民身份證的過程中，夾雜了葡萄牙、中國甚至英國（香港）等地區和國際關係因素。中葡兩國曾就身份證的式樣中應否出現徽號和登載持證人國籍出現意見分歧，最後以折衷辦法解決：新的居民身份證沒有徽號，也不登載國籍，但分開兩種設計，使第一代證件的圖案設計可讓人聯想到葡萄牙國旗，到發出第二代證件時採用中性圖案設計，以便過渡至澳門特別行政區成立後，同時又通過編號和出生地點代碼的安排，為持證人可能具備的國籍提供線索，儘管此一做法並不能完全取代載明持證人的國籍。而證件的製作系統與香港相同，登載的資料和技術參數亦參照香港身份證的藍本，說明當局有意針對以往發放的各類證件的缺點，提升

澳門居民身份證在港英當局或香港特別行政區政府的認受性，以便日後澳門居民可直接憑證前往香港。可惜的是，直至被澳門特別行政區居民身份證取代為止，澳門居民身份證從未獲香港方面接納為赴港旅行證件。

註

1 Proposta n.° 82. *Boletim Oficial de Macau*, n.° 21, 24 de Nobembro de 1923. pp. 432-433.

2 Conselho Legislativo (1924). *Acta da 3.ª sessão em 7 de Janeiro de 1924*.

3 Diploma Legislativo n.°10. *Boletim Oficial do Govêrno da Província de Macau*, Suplemento ao n.° 4, 30 de Janeiro de 1924. p. 69.

4 Província de Macau, Secretaria Geral do Governo (1923-1924). *Processo n.° 210-A, Série P.* 澳門檔案館藏。

5 Neto M (1997). Ideologias, Contradições e Mistificações da Colonização de Angola no Século XX. In *Lusotopie*, 1997(4). pp. 327-357.

6 Decreto n.° 16199. *Diário do Govêrno (I Série)*, n.° 281, 6 de Dezembro de 1928. pp. 2443-2484.

7 參閱 Havik PJ et al. (eds., 2015). *Administration and Taxation in Former Portuguese Africa, 1900-1945*. Newcastle-upon-Tyne: Cambridge Scholars Publishing.

8 Despacho n.° 22/83/ADM. *Boletim Oficial de Macau*, n.° 47, 21 de Novembro de 1983. pp. 2219-2220.

9 Decreto-Lei n.° 79/84/M. *Boletim Oficial de Macau*, n.° 30, 21 de Julho de 1984. pp. 1545-1551. 該法令並無中文譯本，惟刊登法令的《政府公報》中文目錄把 bilhete de identidade 譯為「認別証」。為免與葡萄牙的「認別證」混淆，本書將稱之為「新身份證」。

10 〈下半年起換發新認別證，卅萬張證件十五月發完〉，《華僑報》，1985 年 1 月 12 日，第 4 版。

11 Decreto-Lei n.° 126/84/M. *Boletim Oficial de Macau*, n.° 53, 29 de Dezembro de 1984. pp. 2608-2609; Decreto-Lei n.° 27/86/M. *Boletim Oficial de Macau*, n.° 12, 22 de Março de 1986. pp. 1082-1083.

12 Decreto-Lei n.° 88/85/M. *Boletim Oficial de Macau*, Suplemento ao n.° 40, 11 de Outubro de 1985. pp. 2779-3006.

13 該書寫規則現已被 1990 年的新規則所取代（澳門在正式語文的層面目前並未採用），而該書寫規則的字母表已重新納入原來被排除的三個字母。本章提及的字音表中並無 v 和 y 的對應字音，而分別以 w 及 i 對應。

14 〈換發新身份証約三月執行〉，《華僑報》，1986 年 1 月 10 日，第 5 版。

15 Decreto-Lei n.° 128/89. *Boletim Oficial de Macau*, n.° 20, 15 de Maio de 1989. pp. 2557-

2558.

16 Decreto-Lei n.° 128/89. *Boletim Oficial de Macau*, n.° 20, 15 de Maio de 1989. pp. 2557-2558.

17 Decreto-Lei n.° 50/85/M. *Boletim Oficial de Macau*, n.° 25, 25 de Junho de 1985. pp. 1566-1570.

18 Decreto-Lei n.° 28/89/M. *Boletim Oficial de Macau*, n.° 18, 2 de Maio de 1989. pp. 2268-2287.

19 Decreto-Lei n.° 41/89/M. *Boletim Oficial de Macau*, n.° 25, 19 de Junho de 1989. p. 3296.

20 Decreto-Lei n.° 50/89/M. *Boletim Oficial de Macau*, n.° 34, 21 de Agosto de 1989. p. 4593.

21 Decreto-Lei n.° 2/90/M. *Boletim Oficial de Macau*, Suplemento ao n.° 5, 31 de Janeiro de 1990. pp. 415-434.

22 〈持港證者申請居留澳門，明起需交許可費二萬六〉，《華僑報》，1990 年 9 月 30 日，第 8 版。

23 Lei n.° 2/90/M. *Boletim Oficial de Macau*, Suplemento ao n.° 25, 3 de Maio de 1990. pp. 1621-1626.

24 Decreto-Lei n.° 128/89. *Boletim Oficial de Macau*, n.° 20, 15 de Maio de 1989. pp. 2557-2558.

25 Decreto-Lei n.° 6/92/M. *Boletim Oficial de Macau*, n.° 4, 27 de Janeiro de 1992. pp. 271-281.

26 Decreto-Lei n.° 63/95/M. *Boletim Oficial de Macau*, n.° 49, 4 de Dezembro de 1995. pp. 2563-2568.

27 〈按號發居民身份證工作結束，未辦證者明年一月底前申領〉，《華僑報》，1994 年 11 月 30 日，第 2 版。

28 Despacho n.° 19/GM/95. *Boletim Oficial de Macau*, n.° 18, 2 de Maio de 1995. p. 618.

29 參閱 Direcção dos Serviços de Estatística e Censos (1993). *XIII Recenseamento da População, III Recenseamento da Habitação — Resultados Globais*.

4.1 | 澳門居住人口國籍的變遷和恢復

由於澳門在歷史上曾受葡萄牙的行政管理，相當部分的居住人口根據葡萄牙的國籍法律而具有葡萄牙公民身份。由於葡萄牙與中國對於國籍方面的法律原則不同，形成日後政權交接時期澳門居民的國籍問題。

葡萄牙的國籍法律可溯源至 1603 年的《菲利佩國王律例》（*Ordenações Filipinas*），且條文相對簡單，僅規範葡籍父親所生的子女只有在葡萄牙出生時才具有葡籍，在外國出生時則只有父親是王室或政府僱員時才具有葡籍；外籍父親在葡萄牙所生的子女，只有在父親已在葡萄牙居住滿十年或以上，並在當地置產才具有葡籍。由此可見，當時的葡萄牙國籍法律主要採用屬地主義（*ius soli*）和血統主義（*ius sanguinis*）混合原則。葡萄牙在 1822 年建立君主立憲制度後，1826 年版本的《憲法》對葡萄牙國籍仍採用屬地主義原則，只要在葡萄牙領土出生者都是葡萄牙公民。然而，1867 年頒佈的《民法典》中，卻規定葡籍父親在葡萄牙出

生的子女、外籍父親在葡萄牙出生而沒有聲明不加入葡籍的子女，以及無國籍或具有不被承認國家的國籍者，才具有葡萄牙公民身份。換言之，當時的葡萄牙國籍法在實務執行上傾向採取父系血統主義原則（ius sanguinis a patre），除非當事人已經在葡萄牙常居；而除通過婚姻外，取得葡萄牙國籍的條件還包括在葡萄牙居住滿一年（後來改為三年）、成年，並具備維持自身生計能力的途徑[1]。

葡萄牙在澳門全面建立殖民統治後，除開部分因信奉天主教的關係而取得葡籍的華人外，華商由於較能證明自己具備維持生計的能力，不少因而通過時行《民法典》規定的途徑而取得葡籍。另一方面，鑒於由當時的澳葡法院或駐華葡萄牙使領館發出在澳門出生的證明不被中國當局承認，為解決申請加入葡籍卷宗不能繼續而引致積壓的問題，葡萄牙管理外洋屬地部尚書在 1905 年頒佈皇室令，規定只有已辦理澳葡當局民事登記的華人方可取得葡萄牙國籍[2]。

1958 年，葡萄牙執政當局基於國籍具有「實質上的政治利益和重要性」以及「在從屬於私法關係領域的實際制度利益」[3]，而決定將原有《民法典》中關於國籍的部分改為單行法規，經職團代表大會（Câmara Corporativa）和國民大會（Assembleia Nacional）在 1959 年先後審議通過後，於同年 7 月 29 日頒佈了第 2098 號法律。新的法律採用屬地主

義主導，兼顧血統主義的混合原則 [4]，只要在葡萄牙領土出生，便可取得葡萄牙國籍，以呼應當時政府視其海外屬地為葡萄牙領土一部分，以及回應當時鼓勵葡萄牙本土居民到海外屬地定居的政策，照顧他們定居後繁衍後代的需要。法律賦予公權力對授予和褫奪葡萄牙國籍有較大的裁量權，同時不承認雙重國籍，即加入外國國籍者便喪失葡籍 [5]。

第 2098 號法律的部分規定，為日後葡萄牙非殖民化進程中部分海外屬地居住人口的國籍問題埋下了伏筆。自從「土著制度」在 1961 年被正式廢止後 [6]，在葡萄牙的非洲海外屬地有大量與歐洲沒有血統淵源的人口，根據這部法律都取得葡萄牙公民身份，但 1974 年 4 月 25 日葡萄牙發生軍事政變後，新政權奉行非殖民化政策，在 19 個月內先後從非洲各海外屬地和東帝汶撤出。新政權在終止行使這些地方的主權之時，認為在當地居住而且與當地聯繫更密切的人，不應再被視為葡萄牙公民 [7]，因而在 1975 年 6 月 24 日（即莫桑比克獨立前一天）頒佈第 308-A/75 號法令 [8]，讓與葡萄牙本土和附屬島嶼有實質聯繫的人保留葡籍，否則都喪失葡籍。由於制定這部法令的時間非常倉猝，同時假設當地居民在將來全部都可取得新國家的國籍，因此在解釋和執行上都產生諸多問題，特別是導致大量在獨立後未能符合當地法律要求的人、原來具有葡籍但在獨立時身處第三國的人，以及由於本身證明文件不全和行政手續繁複等原因，而未能及時

伸張或確認其國籍權利的人，都淪為無國籍人士 [9]。更嚴重的是，受影響的人絕大部分都是在不知情的情況下喪失葡籍或被轉換國籍 [10]。即使這部法令在 1988 年被共和國議會（Assembleia da República）廢止 [11]，但由此產生的無國籍人士問題，至今仍困擾葡萄牙社會。

1981 年，葡萄牙共和國議會通過政府提交的《國籍法》（Lei da Nacionalidade）法案（第 37/81 號法律 [12]），以適應 1966 年《民法典》關於領養的規定、1976 年制定新《憲法》後葡萄牙承認非婚生子女權利，以及非殖民化導致國家領土縮限在歐洲等需要和情勢變化 [13]。按照 1959 年第 2098 號法律揭櫫的屬地主義原則，凡在澳門出生的人都可取得葡萄牙國籍，而新的《國籍法》從原來的屬地主義原則改為採用血統主義原則，一般規定只有生父或生母為葡籍者才可取得葡籍，同時承認雙重國籍。

在中葡兩國就澳門前途問題展開談判之時，符合資格的澳門居住人口根據歷年生效的葡萄牙國籍法律，特別是 1867 年《民法典》、1959 年第 2098 號法律和 1981 年第 37/81 號法律的規定而取得葡籍身份。就在葡萄牙《國籍法》（第 37/81 號法律）承認雙重國籍的同時，《中華人民共和國國籍法》不承認雙重國籍，同時採用屬地主義和血統主義混合原則，生父或生母為中國公民，在中國領土出生時即具有中國國

籍。由於澳門一直被視為中國領土，華人以至同時具有中國和葡萄牙血統的居住人口都具有中國國籍。中方在談判期間亦以此為依據，認為葡方應收回合資格居住人口的葡萄牙國籍，但葡方考慮到此一做法有違自身法律原則而採取不同的立場。中方後來提出根據屬地主義原則而取得葡籍者，應有選擇國籍的權利，但葡方提出反建議，認為可以澳門政權交接日期為界，在此日期後任何人不得因澳門的關係而取得葡籍。時任葡萄牙總理施華高（Aníbal Cavaco Silva，內地譯作席爾瓦）認為，這項建議最能保持澳門在過渡時期的穩定，並有利於葡方在這段時期內保留葡式文化風俗。結果關於澳門居民的國籍問題，由雙方在《聯合聲明》附件二中各自以備忘錄的形式聲明：葡方聲明在 1999 年 12 月 20 日後，任何人都不得因澳門的關係而取得葡萄牙公民資格；中方聲明原持有葡萄牙旅行證件中的澳門中國公民，在 1999 年 12 月 20 日後仍可繼續使用，但不得在中國領土內享有葡萄牙的領事保護。對於同時具有中國和葡萄牙血統的葡萄牙後裔居民（俗稱「土生葡人」）國籍問題，則留待日後在中葡聯合聯絡小組解決 [14]。

葡方在澳門前途談判期間提出保留當地居住人口的葡萄牙國籍，除了有避免不必要的大規模對外移民和促進保留葡式文化風俗的考慮外，還可避免重蹈第 308-A/75 號法令導致合法既得利益者的權利受損的覆轍；而澳門大多數居民的中國

公民身份隨著中國在 1999 年 12 月 20 日恢復對澳門行使主權而獲得恢復，其持有的葡萄牙護照被視為旅行證件的做法，意味著澳門居民中的中國公民所具有的葡萄牙公民資格不被中方承認，彰顯中國國籍法律不承認雙重國籍的原則。

4.2 「澳門特別行政區居民」定義的確立和深化過程

中葡兩國在 1987 年簽署關於澳門問題的《聯合聲明》時，中國政府在附件一中提出「澳門特別行政區居民」和「澳門特別行政區永久性居民身份證」的概念。這是澳門歷史上首次提出「澳門居民」的概念並初步界定其判定標準。採用「居民」的概念，是因為其比具有某個國家國籍的「公民」寬廣，符合澳門的社會人口結構的特徵 [15]，加上「一個國家，兩種制度」的原則意味著中央人民政府將對中國其他地區進入澳門特別行政區的居民加以管理，並對其他國家或地區實行出入境管制，因此有需要提出「澳門居民」的概念以便日後管理。而在此基礎上進一步提出「永久性居民」的概念，更有利於確立將來澳門特別行政區的政治體制，對擔任公共職務的基本資格作出更明確和具體的規定，以「永久性居民」的法律概念體現「澳人治澳」。在澳門特區的制度語境下，「澳門人」與「澳門特別行政區永久性居民」之間已幾乎劃上等號。

《聯合聲明》原則上對「澳門特別行政區永久性居民」的判定標準為：

在澳門特別行政區成立前或成立後在澳門出生或通常居住連續七年以上的中國公民及其在澳門以外出生的中國籍子女；在澳門特別行政區成立前或成立後在澳門出生或在澳門通常居住連續七年以上，並均以澳門為永久居住地的葡萄牙人；在澳門特別行政區成立前或成立後在澳門通常居住連續七年以上並以澳門為永久居住地的其他人，及其在澳門特別行政區成立前或成立後在澳門出生的未滿十八周歲的子女。[16]

值得注意的是「在澳門通常居住連續七年以上」以取得永久性居民資格的規定，這是澳門歷史上首次以居住年期作為界定永久性居民身份的普遍標準，而且是參照香港對永久性居民的居住年期要求。另一個界定標準是出生地，但因應當事人的國籍而有所不同。與中英兩國關於香港問題的《聯合聲明》附件一對香港特別行政區永久性居民的原則標準相比，中方在尋求港澳特區永久性居民的資格標準一致（例如須通常居住連續七年、非中國籍的永久性居民中只有未成年子女才獲得永久性居民資格等）的同時，亦顧及澳門社會中葡萄牙人佔人口一定比例的實際情況，並對他們獲得永久性居民資格給予較寬鬆的標準，例如其以澳門為永久居住地的子女，即使已成年亦可取得永久性居民身份。

《聯合聲明》附件一中關於澳門特別行政區永久性居民的判定標準，後來在草擬《中華人民共和國澳門特別行政區基本法》（下稱《基本法》）時加以規定。在《基本法》草案的徵求意見稿中，曾對中國公民在澳門以外所生的中國籍子女取得永久性居民資格的規定有以下表述，除「澳門」二字外，與香港《基本法》的行文相同：

……

（一）在澳門特別行政區成立以前或以後在澳門出生的中國公民；

（二）在澳門特別行政區成立以前或以後在澳門通常居住連續七年以上的中國公民；

（三）第（一）、（二）兩項所列永久性居民在澳門以外所生的中國籍子女；[17]

……

其中第（二）項所指的其實是從內地移居澳門人士。由於當時正值非法移民合法化問題剛得到初步解決，社會關注在1990年「三．二九事件」中獲發「臨時逗留證」的持證人在澳門以外出生子女的居留權問題。事實上，「臨時逗留證」僅賦予持證人逗留澳門的權利，他們在1996年起換領澳門居民身份證時才開始計算通常居住澳門年期，即至2003年後才成為澳門特區永久性居民。按照徵求意見稿中的表述，

這批人士成為永久性居民之前還是之後在澳門以外所生的中國籍子女才享有澳門居留權，將既容易產生爭議（後來香港的「吳嘉玲案」[18]亦充分印證此點），亦可以預期對澳門長遠的人口承載產生沉重的負擔。有鑒於此，隨後修訂的《基本法》草案中進一步細化有關的行文，明確這批人士在成為澳門特區永久性居民之後在澳門以外所生的子女才擁有澳門居留權，之前的則沒有。而在《基本法》草案公開諮詢收集所得的意見中，儘管不少都是出於對《中華人民共和國國籍法》和草案行文文義的誤解，但大多都認為可寬鬆規定永久性居民的資格要求[19]。最終《基本法》第 24 條進一步確定澳門特區永久性居民享有澳門居留權，並規定非永久性居民在澳門沒有居留權。《基本法》亦進一步規定：行政長官、行政會委員、政府的主要官員、立法會主席、副主席、議員、終審法院院長、檢察長、公務人員、澳門特別行政區第一屆政府推選委員會（下稱「推選委員會」）委員必須由澳門特別行政區永久性居民出任。

最終，《基本法》對澳門特區永久性居民和非永久性居民的具體界定標準如下：

第二十四條

澳門特別行政區居民，簡稱澳門居民，包括永久性居民和

非永久性居民。

澳門特別行政區永久性居民為：

（一）在澳門特別行政區成立以前或以後在澳門出生的中國公民及其在澳門以外所生的中國籍子女；

（二）在澳門特別行政區成立以前或以後在澳門通常居住連續七年以上的中國公民及在其成為永久性居民後在澳門以外所生的中國籍子女；

（三）在澳門特別行政區成立以前或以後在澳門出生並以澳門為永久居住地的葡萄牙人；

（四）在澳門特別行政區成立以前或以後在澳門通常居住連續七年以上並以澳門為永久居住地的葡萄牙人；

（五）在澳門特別行政區成立以前或以後在澳門通常居住連續七年以上並以澳門為永久居住地的其他人；

（六）第（五）項所列永久性居民在澳門特別行政區成立以前或以後在澳門出生的未滿十八周歲的子女。

以上居民在澳門特別行政區享有居留權並有資格領取澳門特別行政區永久性居民身份證。

澳門特別行政區非永久性居民為：有資格依照澳門特別行政區法律領取澳門居民身份證，但沒有居留權的人。[20]

1998 年 5 月 5 日，全國人民代表大會澳門特別行政區籌備委員會（下稱「籌委會」）成立，其中一項任務是規定第一屆政府的具體產生辦法，當中的推選委員會按照全國人民代表大會 1993 年的決定，全部由澳門永久性居民組成。雖然《基本法》已對澳門特區永久性居民有比較清晰的規定，但鑒於當時澳門地區並無「澳門居民」乃至「永久性居民」的法律概念，而且《中華人民共和國國籍法》在將來澳門特區實施時，要顧及時任葡萄牙共和國總理施華高 1994 年 4 月訪華期間，曾獲中方承諾讓澳門的葡萄牙後裔居民選擇國籍，這又對「永久性居民」的判別有直接影響，因而有必要結合二者訂出判別「永久性居民」的具體辦法。與此同時，澳葡行政當局提出立法規範「永久性居民」定義，並曾經在中葡聯合聯絡小組在 1998 年 7 月舉行的第 32 次會議中討論，但由於在商談過程中，葡方又提出選擇國籍的權利應擴展至與葡萄牙語言和文化有聯繫的華裔居民，中方基於此舉變相與「永久性居民」判別辦法掛鈎並違反《國籍法》的規定，又考慮到《國籍法》在澳門特區的適用屬於中國內政，故決定由籌委會訂定解決有關問題的原則，再交由將來的澳門特區政府立法確定，但同時通過聯絡小組聽取葡方意見。

籌委會的社會文化工作小組和全國人民代表大會常務委員會（全國人大常委會）先後在 1998 年 8 月 3 日和 9 月 20 日就澳門特區「永久性居民」的具體判別辦法，以及《國籍法》

在澳門特區的實施原則分別展開討論。對於「永久性居民」
的判別辦法，籌委會委員的關注點包括：在澳門出生子女取
得永久性居民資格是否以父母一方或雙方已在澳門合法居留
為前提條件、葡萄牙後裔居民取得永久性居民資格是否取決
於提交聲明和支持文件、具體規則應由籌委會還是特區政府
制定，以及中國公民和其他國籍人士在居住年期的計算方面
應否採用不同的方式。由於意見紛陳，原本已擬定的草案一
度需要押後審議。而在《國籍法》的適用方面，則關注到葡
萄牙後裔居民的血統背景與中國公民資格的關係，以照顧他
們的心理感受。

結果，全國人大常委會在 12 月 29 日通過具有中國血統的葡
萄牙後裔居民可選擇國籍，在此之前享有《基本法》規定的
受國籍限制以外的權利的方案 [21]，而籌委會在 1999 年 1 月
13 日通過「永久性居民」判別辦法的方案 [22]，提出持有的
澳門居民身份證中已載明在澳門出生、首次發出日期起計已
滿 7 年，或持有由治安警察廳發出的永久居留證的中國公民
和葡萄牙後裔居民，都被視為澳門特區永久性居民，同時取
消原草案中對中國公民與其他國籍人士採用不同的居住年期
計算方式，以體現平等原則，並交由將來的特區政府制定
「以澳門為永久居住地」和「在澳門通常居住」的具體實施
細則。在籌委會通過選擇國籍方案後，葡方曾一度堅持應在
聯絡小組層次討論，但中方認為有關問題的磋商已經完成，

葡方也沒有在此問題上糾纏下去。

在 1999 年 8 月組成的澳門特別行政區政府根據上述的解釋和意見，11 月份向特區立法會提交《澳門特別行政區永久性居民及居留權法律》草案，並在 12 月 20 日通過，成為特區成立的必備法律之一 23。該法律規定，澳門特別行政區永久性居民身份證、中華人民共和國澳門特別行政區護照、由身份證明局發出的居留權聲明書或永久性居民身份證明書，都是確立澳門特區永久性居民身份的文件。此外，該法律進一步訂定「以澳門為永久居住地」和「在澳門通常居住」的實施細則。「在澳門通常居住」是指在澳門合法居住並以澳門為常居地，而「以澳門為永久居住地」原則上以簽署書面聲明和（或）提交支持文件作實，但在 1999 年 12 月 19 日或之前已持有澳門居民身份證的在澳門出生並具有中國血統的葡萄牙後裔居民，可獲豁免這項規定。

從《聯合聲明》引入並初步界定「居民」的概念，一直深化至《澳門特別行政區永久性居民及居留權法律》草案獲通過的過程可見，自 1992 年起開始發出的澳門居民身份證已成為判別「澳門特別行政區永久性居民」的其中一份重要證明文件，而對具有中國血統的葡萄牙後裔居民則採取「選擇國籍」的方案，訂明他們在特區成立後仍未選擇國籍之前，不能享有受國籍限制的權利。而從全國人大常委會關於《國籍

法》在澳門特區適用問題的解釋行文可見，這些人士具有中國公民資格，另由於他們是澳門特別行政區居民，因而享有《基本法》規定的大部分權利，待他們確定國籍後，才可以更進一步參與澳門特區的政治體制，例如出任主要官員（見表 4.1）。他們是否確定國籍，對其澳門特區居民身份沒有影響。這種公民與居民身份分開處理的做法，也符合中國政府採用「居民」概念規範澳門居住人口的原意，而對選擇國籍不設限期，更體現中國政府對這些人士在個人選擇方面的尊重。

表 4.1：澳門特別行政區公共職位的居民資格和國籍要求

	澳門特別行政區永久性居民中的中國公民	澳門特別行政區永久性居民
行政長官	○（任職期內不得具有外國居留權）	
行政會委員	○	
政府的主要官員	○	
立法會主席、副主席	○	
終審法院院長	○	
檢察長	○	
行政長官選舉委員會委員		○
立法會議員		○
公務人員		○（法定條件除外）

隨著澳門特區法院對多宗居留權案件作出判決，例如終審法院第 21/2014 號案和第 182/2020 號案中進一步解釋「以澳門為永久居住地或最終定居地」的含義 [24]；第 72/2016 號案中裁定被收養人的親生父母如無澳門居留權，則其於澳門特區通常居住滿 7 年之前不能因收養的關係而取得澳門居留權 [25]；第 212/2020 號案裁定中止身份證明局決定註銷澳門特區永久性居民身份證的效力 [26]；中級法院第 552/2018 號案中對中國公民因加入外國國籍而導致喪失中國國籍者，不符合取得澳門居留權的資格，以及中級法院第 734/2019 號案和第 735/2019 號案關於葡籍澳門特區永久性居民在澳門以外所生子女的居留權資格的合議庭裁判 [27] 等，對進一步完善澳門特別行政區永久性居民資格的判別標準饒具指導意義。而政府應個別立法會議員要求，考慮到因「粵港澳大灣區」概念的提出和珠海市橫琴島陸續出現涉澳發展項目（例如「澳門新街坊」住宅項目）的關係，將導致一些居留許可持有人未必可以在澳門特區留宿，而在《澳門特別行政區出入境管控、逗留及居留許可的法律制度》法案（後來的第 16/2021 號法律）的第 43 條（廢止居留許可及拒絕續期或延期）加入第五款，讓居留許可持有人（包括通過投資或專業資格而取得居留許可者，俗稱「投資移民」）即使沒有在澳門留宿，只要每天來澳工作、就學等，仍可被視為在澳門維持通常居住。這樣一方面為「通常居住」提供實質性解釋，但另一方面也與此前法院的判決略有出入。立法會第三常設

委員會在審議該法案時，得出引入這項條款預期將「可能產生非常廣泛和重大的立法影響」的結論，但政府承諾在評定當事人是否符合「通常居住」的條件時，仍「要求必須與澳門特別行政區之間維持重要的聯繫」[28]。第 16/2021 號法律的執行對於澳門特別行政區永久性居民資格判別的影響，有待日後觀察。

「智能身份證」：澳門特區居民身份證的新載體

澳門居民身份證制度在 1992 年被確立之後，曾於 1995 年和 1999 年有過小規模的技術修改。然而，由於時行法規中有關可以葡籍認別證申領居民身份證、沒有永久性居民和非永久性居民身份證的分類，以及保留澳門身份證明司發出的葡籍認別證的效力的規定都與《基本法》抵觸，因而沒有被採用為澳門特別行政區法律。另一方面，由於中葡聯合聯絡小組在 1991 年 9 月已就澳門居民身份證可過渡至澳門特別行政區成立達成共識，在澳門特區就新的居民身份證制度立法之前，按照《基本法》規定的原則並參照原有做法處理有關事務 [29]。根據歷年《澳門年鑑》的統計資料估計，由澳門特別行政區成立至 2002 年底開始發出新款居民身份證之前，約有 7 萬人仍須首次領取舊式澳門居民身份證。

澳門是世界上首批發出「智能身份證」的地區之 ，僅次於芬蘭、汶萊和馬來西亞，香港亦於 2000 年中根據顧問報告結果而在構思引進當中。以智能卡形式發放居民身份證，

主要目的是增強防偽，並利用其鑲嵌晶片的優勢擴充證件的實用功能。特區政府在 2000 年底發表的 2001 財政年度施政方針中，首次提出以智能卡形式發放澳門特別行政區的居民身份證，並為此在 2002 年 6 月向立法會提交《澳門特別行政區居民身份證制度》法案，把居民身份證分為永久性居民和非永久性居民身份證兩種。在上述法案通過後制定的第 23/2002 號行政法規《澳門特別行政區居民身份證規章》中，規定已在治安警察局取得居留許可或居留證明書的內地居民、葡萄牙公民和其他人士，應在許可或證明書發出日起計 60 天內申領非永久性居民身份證 [30]，從而結束「居留證」的歷史。

特區政府在 2001 年 12 月從十多名競投者中選定德國西門子公司（Siemens Limited）提供澳門「智能卡式身份證製作系統」，總金額 1 億 2,812 萬元（2020 年約值 2 億 3,577 萬元），分三年支付 [31]，是該公司在亞洲地區首次提供完整的智能身份證解決方案。在系統安裝完成後，身份證明局從 2002 年 12 月 4 日開始接受居民申領智能身份證，初期先派員前往學校辦理集體換證，經熟習後再擴展至公私機構、院舍等。局方在換證手續完成後，再次派員到學校向學生派發身份證。局方在 2004 年 11 月 29 日起再按照澳門居民身份證編號順序辦理換證，先安排編號以「7」開始的持證人換領，再相繼安排以「5」和「1」開始編號的持證人換領，至

2007 年 2 月 9 日全面結束，期間共有 483,566 人換領新的居民身份證 [32]。

「智能身份證」以聚碳酸不碎膠為物料，採用 Java Card OpenPlatform 為操作系統。正背兩面的背景圖案是澳門特別行政區區徽的截面圖，蓮花圖案的中間鑲嵌一塊晶片（集成電路），一些原本在澳門居民身份證上顯示的內容都改以加密形式儲存在內，進一步保障持證人的隱私，例如父母姓名、婚姻狀況、是否為臨時居民（即原居民身份證上的「T」字代碼）、指紋代碼等。晶片內另載有居民身份證的數碼證書，用以確認居民身份證的真偽和持證人的身份。數碼證書的有效期與證件相同，終身有效證件的數碼證書於 20 年後失效，屆時可更換新證。卡面上的可見資料以激光刻印技術列印，顯示編號（由原澳門居民身份證的首位數字併入其餘六位數字組成，其後以括弧標示檢驗數字）、中葡文姓名（姓氏與名稱中間以逗號分隔）及中文姓名的對應電碼、出生日期、出生地點、身高、性別、首次發證日期、本次發證日期和有效期、持證人容貌和簽名 [33]，並在證件正面的右下方採用多重激光影像刻印持證人的容貌、證件編號、出生日期和性別，構成一幅呈鑰匙洞孔形狀的影像，從不同角度觀察會產生不同的視覺效果。證件面上另刻有中央人民政府為慶祝澳門回歸而贈送予特區政府的「盛世蓮花」雕像的觸感圖案，取代原澳門居民身份證中以

歷史建築大三巴牌坊作為代表地標，大概有特區年代「開啟新紀元」的意涵。證件的背面則有澳門特別行政區區徽、「澳門特別行政區永久性居民身份證」或「澳門特別行政區非永久性居民身份證」的中葡文字樣，下方有一組光學閱讀代碼。

由於早期發放的「智能身份證」晶片鑲嵌技術欠佳，以及自助通關系統的驗證設施在插孔導入和導出身份證時衝力過大，使晶片脫落現象出現在一些持證人身上，報廢率一度高達 4%[34]。另外，證件上以逗號分隔持證人的姓氏和名字並不符合中國人傳統的閱讀書寫習慣，以至葡萄牙人的姓名排列方式，《澳門特別行政區公報》中關於政府人事調動的批示摘錄亦因此經常出現如「二等高級技術員陳，大文」、「De Oliveira, Francisco António, técnico superior de 2.ª classe」的稀奇表述。為改善接觸式「智能身份證」的技術和證件展示個人資料的問題，身份證明局在 2012 年開始研究引進非接觸式「智能身份證」，並由德國 Veridos 公司提供證件製作的操作系統軟件，荷蘭 Gemalto 公司提供證件所需的集成電路卡，製作證件的硬件設施亦需要更新。身份證明局在 2013 年 10 月 31 日起換發第二代「智能身份證」，不採取強制換領措施，原有證件可繼續使用直至有效期屆滿。

澳門特區的第二代「智能身份證」創造了很多方面的「世界

第一」，包括第一個應用從接觸式直接轉換為非接觸式身份證件技術的公共實體、第一批支援電子簽署的純非接觸式智能卡，以及第一次並用「激光燒蝕透明窗口」（True Window and Window Lock）和彩色紫外光印刷（True Vision）技術。其中彩色紫外光印刷技術在紫外光照射下，可見從西望洋山方向遠眺澳門旅遊塔和西灣大橋海面綻放煙花的夜景。而由於證件的晶片不再外露，有空間重新編排個人資料的展示方式，包括加上個人資料的文字表述，例如「出生日期」、「首次發證」等語。另外，姓名的展示方式改為姓氏和名字各一欄目，取消第一代「智能身份證」中以逗號分隔的做法。證件維持第一代證件中澳門特別行政區區徽截面圖的背景圖案和「盛世蓮花」雕塑的觸感特徵，另外再加上網紋蓮花圖案和「澳門特別行政區」及葡文地名「MACAU」的波浪形浮雕文字 [35]。第二代「智能身份證」的安全技術獲得國際業界的肯定，在 2015 年先後獲亞太智能卡協會（Asia Pacific Smart Card Association）和亞洲高安全性印刷會議（High Security Printing Asia）頒發獎項。

「智能身份證」不但成為澳門特別行政區居民身份證的新載體，其附設晶片的功能更讓其使用範圍逐漸擴大，為推行電子政務奠定初步的基礎，例如 12 歲以上持證人可選擇憑證使用文化局澳門中央圖書館的服務，作為讀者證的替代；亦可作為社會保障基金受益人證明。政府在 2008 年修訂《選

民登記法》時，決定以身份證取代原有的選民證，以預防賄選並便利選民。居民使用衛生局的公共醫療服務，自 2013 年起可直接出示居民身份證掛號，無須再出示俗稱「金咭」的掛號卡。身份證明局又與社會保障基金、退休基金會、海事及水務局、文化局、教育及青年發展局、衛生局和郵電局合作，當身份證持證人更新地址和聯絡資料時，可授權局方轉告參與合作的部門。另外，身份證明局自 2004 年起設立的自助服務機，從以往僅能憑證列印赴港申報表擴展至可提供 11 個政府部門共 32 項服務 [36]，分佈在澳路氹共 50 處地點。而局方又推出銀行專線查核證件真偽和讀取身份證資料，以及醫院核實孕婦身份等服務。通過身份證明局本身的自助服務點，年滿 25 歲的持證人自 2020 年 6 月起可 24 小時自行辦理身份證的續期手續。

智能卡式身份證亦便利澳門居民的出入境。在澳門特區全國人大代表、立法會議員和港澳兩地官員的努力下，自 2004 年 10 月 18 日起可憑「智能身份證」前往香港，但取決於事前須填妥預先列印好的入境申報表。2005 年 10 月 5 日，關閘試用自助通關設施，並逐漸擴展至其他出入境檢查站。2009 年 11 月 24 日，港澳特區政府簽署《關於持永久性居民身份證入出境及互免填報入出境申報表協議》，澳門居民自 12 月 10 日起可持「智能身份證」直接使用香港的自助通關設施出入境，基本結束長久以來兩地居民互訪待遇不對等

的狀況，僅餘獲准逗留期仍不對等。

另一方面，由於《澳門特別行政區居民身份證制度》法律規定居民可選擇是否在「智能身份證」中加入附加資料，導致「智能身份證」在儲存方面的應用未如當初預計的廣泛，例如在構思發出證件初期曾提出的駕駛執照資料載入身份證晶片的措施，雖然在 2007 年制定的《道路交通法》已預設相關的法律條件，至今卻仍未實際執行；居民使用政府轄下康體設施仍須辦理主管部門發出的入場證件。「智能身份證」在個別領域的應用更出現倒退的現象，這與證件的儲存方式跟不上科技發展有密切關係，例如政府曾於 2006 年試行在「智能身份證」上儲存教師證、學生證和教育機構職員證（通稱「教育證」）的資料，但由於反應欠佳，於是維持分開發放教育證的安排，更自 2018 / 2019 學年起在證件上加入二維碼，通過自身開發的應用程式可讀取持證人的資料。

展望將來，身份證將進一步引入「電子身份系統」（eID）功能，居民憑身份證通過移動裝置識別面容確認身份後，便可使用其他機構的電子服務，並選擇提供特定和加密的電子化個人資料。而隨著資訊科技的不斷發展，身份證將有望從實體證件演進至實體和虛擬證件結合。

註

1　Ramos RMM (2013). *A Evolução do Direito da Nacionalidade em Portugal. In Estudos de Direito Português da Nacionalidade.* Coimbra: Coimbra Editora. pp. 9-61.

2　*Collecção Official de Legislação Portuguesa (Anno de 1905).* pp. 503-504.

3　*Projecto de decreto-lei n.º 500. In Actas da Câmara Corporativa,* n.º 9, 26 de Fevereiro de 1958. pp. 43-51.

4　Gil AR and Piçarra N (2020). *Report on Citizenship Law: Portugal.* Fiesole: European University Institute. p. 5.

5　Ramos RMM (2000). Continuidade e Mudança no Direito da Nacionalidade em Portugal. *Brasília* 37(145). pp. 87-94.

6　Decreto-Lei n.º 43893. *Diário do Governo (I Série),* n.º 207, 6 de Setembro de 1961. pp. 1101-1103.

7　Ramos RMM (1976). Nacionalidade e Descolonização. In Ramos RMM (2013). *Estudos de Direito Português da Nacionalidade.* Coimbra: Coimbra Editora. pp. 63-128.

8　Decreto-Lei n.º 308-A/75. *Diário do Governo (I Série),* 4.º Suplemento ao n.º 143, 24 de Junho de 1975. pp. 862(7)-862(8). 該法令於 1976 年 3 月 17 日在《澳門政府公報》刊登而在澳門地區產生效力，但由於澳門當時仍由葡萄牙負責行政管理，並非法令所指的「已獨立海外地區」（território ultramarino tornado independente），故居住在澳門的葡籍人口不適用該法令的規定。

9　UNHCR Regional Office for Southern Europe (2018). *Mapping Statelessness in Portugal.* pp. 22-23.

10　Ramos RMM (1976). Nacionalidade e Descolonização. In Ramos RMM (2013). *Estudos de Direito Português da Nacionalidade.* Coimbra: Coimbra Editora. pp. 63-128.

11　Lei n.º 113/88. *Diário da República (I Série),* n.º 300, 29 de Dezembro de 1988. p. 5124.

12　Lei n.º 37/81. *Diário da República (I Série),* n.º 228, 3 de Outubro de 1981. pp. 2648-2651. 中文譯本可參閱 Imprensa Nacional de Macau (1982). *Lei da Nacionalidade 國籍法* . Macau: Imprensa Nacional de Macau.

13　Ramos RMM (2000). Continuidade e Mudança no Direito da Nacionalidade em Portugal. *Brasília* 37(145). pp. 87-94.

14　Mendes CA (2013). *Portugal, China and the Macau Negotiations.* Hong Kong: Hong Kong University Press. pp. 39, 55-57.

15　楊允中（2011）。《澳門基本法釋要（2011 年修訂版）》。澳門：澳門基本法推

廣協會，第 65 頁。

16 *Boletim Oficial de Macau*, 3.° Suplemento ao n.° 23, 7 de Junho de 1988. p. 2250.

17 中華人民共和國澳門特別行政區基本法諮詢委員會（1991）。《中華人民共和國澳門特別行政區基本法（草案）徵求意見稿》。

18 「吳嘉玲案」是指一名以香港特別行政區永久性居民在其取得香港居留權之前於內地所生子女吳嘉玲為代表，就香港特區臨時立法會 1997 年 7 月 9 日修訂《1997 年入境（修訂）（第 5 號）條例》向香港特區終審法院提出的司法覆核案件。終審法院在 1999 年 1 月裁定所有香港永久性居民所生子女都享有香港特區居留權。由於香港特區政府估計根據判決將有約 167 萬人受惠，行政長官會同行政會議 1999 年 5 月決定提請全國人民代表大會常務委員會解釋《香港基本法》，明確只有在成為香港特區永久性居民後在內地出生的子女才享有香港居留權，使受惠人數減至約 20 萬人。

19 參閱中華人民共和國澳門特別行政區基本法諮詢委員會（1992）。《中華人民共和國澳門特別行政區基本法（草案）》諮詢意見報告書，第 36-37 頁。

20 法務局（編）（2012）。《中華人民共和國澳門特別行政區基本法》。

21 第 5/1999 號行政長官公告，《澳門特別行政區公報》第一組第 1 期，1999 年 12 月 20 日，第 392-393 頁。

22 第 5/1999 號行政長官公告，《澳門特別行政區公報》第一組第 1 期，1999 年 12 月 20 日，第 405-407 頁。

23 第 8/1999 號法律，《澳門特別行政區公報》第一組第 1 期，1999 年 12 月 20 日，第 69-75 頁。

24 第 21/2014 號案裁決的解釋為：「除了在澳門通常居住之外，家庭日常事務也圍繞澳門展開（以澳門為其職業及家庭生活的中心，又或者雖不在澳門從事其職業，但擁有穩定的生活來源），在澳門納稅，並且有意在此最終定居」。第 182/2020 號案裁決提出，「通常居住」必須是基於事實而作出，而「通常居住者」必須同時具有一定時間和質量維度的「事實狀況」（situação de facto），以及顯示出與某地具有緊密和實際的聯繫的「連結因素」（elemento de conexão）。因此，通常居住必須同時包括「體素」（corpus）和「心素」（animus）。體素即通常居住者親身出現在某一地區作逗留，並持續居住，而心素即通常居住者具有成為該地區居民的真實意圖，並經其個人、家庭、社會和經濟生活等不同方面評估後，而顯示出其於澳門的社會生活存在「切實參與和分享」（efectiva participação e partilha）。參閱澳門特別行政區終審法院院長辦公室（2016）。《澳門特別行政區法院司法年度年報 2014-2015》，第 186-213 頁，以及 https://www.

court.gov.mo/sentence/pt-eb5da4ae6e2de3e8.pdf，取得日期：2021 年 9 月 1 日。

25　澳門特別行政區終審法院院長辦公室（2018）。《澳門特別行政區法院司法年度
　　年報 2016-2017》，第 150-153 頁。

26　案中當事人因母親曾作虛假聲明，而被身份證明局決定註銷其澳門特區永久性
　　居民身份證，但由於當事人時年僅 19 歲，在澳門出生而且持續在當地生活，在
　　不能確定其是否持有其他身份證明文件以及實質的家屬關係的情況下，因註銷
　　其澳門居民身份證而產生的非法逗留狀態以至被驅逐出境，構成《行政訴訟法
　　典》中「難以彌補的損失」的保護對象。參閱澳門特別行政區法院網站（http://
　　www.court.gov.mo/sentence/pt-e5d36056772905e7.pdf），取得日期：2021 年 2 月
　　4 日。

27　即聲請人必須是既有中國血統又有葡萄牙血統的澳門特區永久性居民的子
　　女、具有中國籍或尚未選擇國籍、在澳門以外出生、以澳門為永久居住地，
　　以及在其出生時父母均以澳門為永久居住地。參閱澳門特別行政區法院網站
　　（https://www.court.gov.mo/sentence/pt/29319；https://www.court.gov.mo/sentence/
　　pt/29207），取得日期：2020 年 6 月 10 日。

28　澳門特別行政區立法會（2021）。第三常設委員會第 4/VI/2021 號意見書，2021
　　年 7 月 30 日。

29　第 1/1999 號法律，《澳門特別行政區公報》第一組第 1 期，1999 年 12 月 20
　　日，第 6-19 頁。

30　第 23/2002 號行政法規，《澳門特別行政區公報》第一組第 44 期，2002 年 11 月
　　4 日，第 1124-1136 頁。

31　第 252/2001 號行政長官批示，《澳門特別行政區公報》第一組第 51 期，2001 年
　　12 月 17 日，第 2297 頁。

32　澳門特別行政區政府新聞局（2008）。《2008 澳門年鑑》，第 16 頁。

33　第 23/2002 號行政法規，《澳門特別行政區公報》第一組第 44 期，2002 年 11 月
　　4 日，第 1124-1136 頁。

34　〈強力黏貼晶片改善剝落情況〉，《華僑報》，2009 年 9 月 1 日，第 4 版。

35　參閱〈新式智能身份證晶片隱藏〉，《華僑報》，2013 年 9 月 26 日，第 1 版。

36　〈身份證明局借十部門供卅二自助服務，辦證電子化居民樂用〉，《澳門日報》，
　　2019 年 9 月 26 日，第 A03 版。

5

從「僑居證」到
「居住證」——
澳門居民前赴和
居住內地證件沿革

5.1	早期澳門居民前赴內地證件和「掃墓證」的由來

葡萄牙在 19 世紀末對澳門確立殖民管治後，由於邊界未定以及華人居民並非居留管理制度的實施對象，華人居民基本上仍可自由進出內地。隨著澳門華人經商者眾多，蕭瀛洲等人在 1911 年發起成立華人商會組織，於次年獲葡萄牙批准，名為「澳門商會」，並以「旅澳華商總會」名義向中華民國工商部立案。1916 年，商會定名為「澳門中華總商會」，並於 1933 年根據國民政府僑務委員會《海外僑民團體輔導辦法》規定，向僑務委員會登記備案為「僑民團體」，有權向會員發出「僑居證明書」（俗稱「僑居證」），以便會員返回內地通商，是為澳門居民前赴內地證件的開端。

抗日戰爭爆發後，來自鄰近城鎮的居民紛紛來澳避難。澳門社會各界在 1940 年發起成立「闔澳華僑賑濟會」，並發放「難民證」，讓憑證者領取救濟，或在回鄉時用作識別身份。隨著家鄉局勢趨於平靜，加上香港淪陷後澳門各項供應趨於緊張，物價飛漲，來澳避難的內地居民開始產生返鄉念

頭。澳門各界有見及此，在 1942 年成立「澳僑協助難民回鄉委員會」（簡稱「回鄉會」），以統籌協助返鄉事宜，向返鄉人士發放「歸僑證」，以便他們在沿途能證明身份。1943 年 3 月 1 日，「回鄉會」結束，但由於「歸僑證」頗受當時內地方方面面的認可，因此由解散時出任主席的劉柏盈出面，商請澳門中華總商會繼續發放，其上加蓋「回鄉會主席劉柏盈」印章，以便居民回鄉時能繼續申領使用。抗戰勝利後，國民政府因應內戰情勢而收緊人口控制，1947 年決定在內地發出「國民身分證」，並規定僑胞必須持有身份證明文件才可返回內地。中國國民黨澳門支部和澳門中華總商會因應上述規定而發出「僑居證」（有時又稱「歸僑證」），作為澳門華籍居民前往內地的身份證明文件。然而，自從何賢在 1950 年當選澳門中華總商會理事長後，商會轉而支持新中國政府，不再承認由往屆理事發出的「僑居證」，並對新發出的「僑居證」設定一年的有效期限，直至 1953 年全面取消為止。

隨著內地政治局勢漸趨穩定，有關方面開始加強對境外人員的管理。1951 年 1 月 30 日，廣東省人民政府發佈《關於沿海旅客進出入國境的佈告》（粵公邊字第六號），規定凡旅客出入內地均須領取「通行證」。「通行證」分為單程、來回和定期（最長時間為三個月，期間可多次往返）三種。港澳居民在入境前須委託擬赴目的地的居民商請兩家商號或機

關團體出具證明，連同本人照片三張，到公安分局申請入境。這項措施從 2 月 15 日開始實施，18 日起全面執行。由於當時澳門的華人社團，例如同鄉會、氏族社團、善會和鏡湖醫院都在廣東省中山縣以南一帶（今珠海市香洲區一帶，時稱「下五區」）設有墳場，華人居民身後都在這些墳場下葬[1]，通行證制度實施後，即傳來仵工搬運遺體首先出現問題，又因實施期間臨近清明節，社會已預見孝子賢孫前往掃墓亦將成問題。有見及此，澳門中華總商會與中山邊防當局討論後，決定由商會和澳門工會聯合總會發出「掃墓證」，准許持證人從清明節當日和翌日 6 時起從澳門入境到指定地區掃墓，18 時返回澳門。辦理掃墓證的措施後來擴展至其他支持新中國的社團組織，又分別委託香港中華總商會和自設服務點為香港居民辦理手續，並為每天入境掃墓人數設指標限制[2]。掃墓人士在指定期內到商會等社團組織辦理申請掃墓證手續後，由社團組織編號並送交內地邊防部門蓋章，再發還給澳門的社團組織，並在掃墓期開始之前分送予申請者。

掃墓證初時分兩種，一種是單人持有的「個人證」，另一種是供二人以上，六人以下持有的集體證，稱「總證」，1956 年起改為 12 歲以上者一人一證，12 歲以下小童在家長的掃墓證中加註，最多可加註兩名；另自 1958 年起增設「掃墓臨時隨身證」，供沒有其他證件或社團會員證的人士（尤其

是小童）隨身攜帶，方便其進入內地後予沿途軍警查閱。掃墓證除列明持證人的基本個人資料，還列明掃墓地點和批准入境日期、入境和出境時段。證件的左上角和右上角各印有相同的編號，邊防檢查人員在持證人入境時先撕去左上角的編號，然後發還以供巡邏軍警查驗。至持證人出境時，再由檢查人員核對右上角的編號是否相同後收回。掃墓證的背面印有旅客自用物品登記表格，填妥後由關員簽字作實，離境時須全部帶走。社團組織在掃墓證生效期間另派員在關閘指導居民，或代填攜帶物品申報表。至於指定的掃墓地點包括：拱北、前山、山場、吉大、香洲、灣仔、南屏、翠微、造貝、白石、北嶺、北山，共 12 處（見下圖）[3]，全部位於今珠海市香洲區範圍。掃墓證的措施一直維持到 1979 年，此時已不再註明每天入境人數和出入境時間的指標限制，持證人可在有效期內隨時入境和出境。

由此可見，掃墓證是在特定的時空背景下為方便澳門居民前往內地掃墓而採取的通融措施，免除他們因即日來回而辦理申請通行證或回鄉介紹書的手續，或是省卻在檢查站等候檢查行李的時間，提高證件查驗和物品申報效率。由澳門社團負責發放掃墓證的安排，除了出於當時地緣政治環境的實際考慮外，亦為吸納華人居民加入支持新中國的社團組織，發展群眾基礎創造條件。正因為這些社團在當時已開始累積本地居民的信任和支持，長遠而言為日後澳門回歸時社會治理

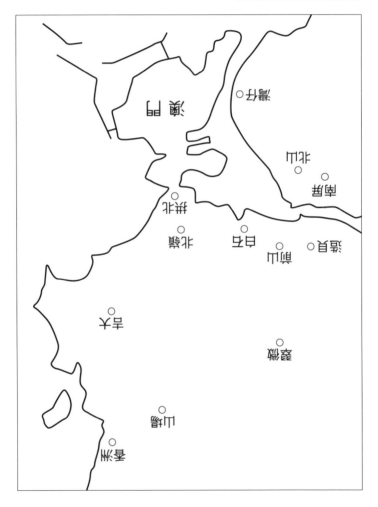

澳門各村名博養神位置圖

體制的暢順運作廣植深厚的根基。在澳門同胞掃墓期間，內地方面在前往墓地沿途搭蓋茶水站、醫療站和廁所，並設有臨時飯堂、市場等，讓他們休息、品茗和購買蔬菜肉類和土特產等，又安排單車供他們租用，另設有圖片展覽、農具展覽、電影放映活動等，介紹社會主義建設成就。在當時內地各類物資供應條件仍相對緊張的情況下，有關方面仍盡一切方法調動資源，保障對澳門同胞掃墓期間的合理供應和服務需要，實在是難能可貴的。

誠然，掃墓證結束之時，亦為內地改革開放之始。「掃墓證」的這段歷史見證著內地的出入境管理從帶有類似軍事性質的全面管控，過渡至適度調節、便利旅客的過程。改革開放標誌著內地與澳門的交往和聯繫進入嶄新的階段，澳門居民前赴內地的限制，無論在逗留期、地理範圍乃至隨身物品通關申報方面從此逐漸獲放寬，掃墓證的功能亦被「港澳同胞回鄉證」完全取代。

上文提到內地在 1951 年 2 月開始對入境港澳居民實施通行
證制度，由於申請手續繁複，頗為不便，拱北和深圳邊防檢
查站在 1956 年 2 月 10 日發佈聯合通告，全文如下：

中華人民共和國深圳拱北邊防檢查站聯合通告

茲為方便港澳同胞及歸國華僑，在春節前後回鄉團聚起
見，自 2 月 10 日起，凡持有香港澳門居民證，或其他可
證明其本人職業身份之證件者，均不需辦理申請通行證，
即可入境。至於海關檢查及檢疫等手續，則仍按以往規定
辦理。

特此通告。

1956 年 2 月 10 日 [4]

這項規定在澳門具體的做法是：旅客帶同身份證明文件和三幀相片，經檢查人員查驗後將獲發一張臨時通行證，有效期為一星期至 10 天。如旅客逗留期間超過 15 天，仍須向廣東省公安廳申請通行證。上述的「臨時通行證」就是「港澳同胞回鄉介紹書」，而有關安排原本僅作為便利港澳居民返鄉度歲的臨時措施，但由於批給的逗留期限相當充裕，已可滿足不少居民前往內地短期逗留的需要，在因勢利導下改為長期安排。

雖然在邊防檢查站即場發出回鄉介紹書的做法，與以往在起行前須預先申請通行證相比，無疑已有相當的進步，但旅客通關的時間仍無顯著改善。以澳門居民進入拱北為例，當時旅客需先排隊讓邊防檢查人員逐一查驗證件、填寫回鄉介紹書並蓋章，發還給旅客後到海關大廳，再等候關員逐一傳召進入檢查站檢查行李。為方便港澳居民前往內地探親和旅遊，內地在 1970 年代開始構思發出多次使用的旅行證件，取代回鄉介紹書。1979 年 6 月，內地公佈將對港澳同胞發出「港澳同胞回鄉證」（簡稱「回鄉證」），封面呈深綠色，內頁為淺綠色，有效期為 3 年，持證人可憑證直接前往內地探親或遊覽，亦憑證在目的地向公安機關申報戶口。澳門中國旅行社聯同澳門主要華人社團在 1979 年 7 月 25 日開始接受居民辦理申領回鄉證的手續，而中國旅行社後來亦成為恆常代辦回鄉證的機構，拱北邊防檢查站方面則從 12 月 1 日

起取消發出回鄉介紹書。為堵塞不法分子利用社團可憑會員證申領回鄉證而產生冒領和偷渡的漏洞，中國旅行社在1980年採取新措施，憑社團會員證申領回鄉證者不得委託他人代辦，必須親身前往該社辦理。

1981年12月，新款回鄉證發出，封面和內頁的顏色分別改為咖啡色和淺啡色，尺寸亦略有縮減，有效期從3年擴展至10年，內頁分出入境蓋章欄、海關專用欄和記事欄，不再分設內頁申報隨身物品。在申請手續方面，不再接受憑社團會員證申領，只准憑認別證或身份證申領，申領資料並存入電腦，杜絕重領冒領的現象。此外，改由中國旅行社派員前往社團、企業和工廠辦理集體換證，以疏導社址人流。回鄉證亦隨著內地邊防口岸管理電腦化而在技術上不斷改進，例如在1988年9月起在證件加入或補貼電腦條碼、改善內頁設計，使每本可資使用次數從以往的40次大幅增加至104次、發出兒童專用回鄉證以防拐帶兒童，以及免除填寫「入境卡」和「出境卡」等。

1999年1月15日，公安部啟用全新的卡式「港澳居民來往內地通行證」，取代簿式「港澳同胞回鄉證」。新的回鄉證（俗稱「回鄉卡」）利用證件背面的光學閱讀代碼自動識別證件，大大提高旅客通關效率。而簿式回鄉證自2002年4月起已不再蓋章，並隨著其於1999年1月1日停止簽發而

從 2009 年起走進歷史。第二代卡式回鄉證在 2013 年 1 月 2 日推出，增強防偽性能，並加入晶片儲存持證者個人基本資料，同時解決第一代卡式回鄉證編號因更換改變，而對持證人在內地生活時產生不便的問題。第二代卡式回鄉證投入使用，標誌著第一代卡式回鄉證預計將於 2023 年結束其歷史使命。

因應部分長居內地的港澳居民由於 2019 冠狀病毒病疫情持續關係而未能隨意返回港澳，國家移民管理局自 2020 年 10 月 10 日起容許持證者在全國任一縣級以上公安機關的出入境管理部門，申請回鄉證補領或續期，手續與港澳地區一致，且辦證時間縮短至 7 個工作天，有緊急需要者可加快辦理，大大提升辦證效率，便利港澳居民。而粵澳雙方先後在港珠澳大橋珠澳口岸、橫琴口岸和青茂口岸實施「合作查驗，一次放行」，澳門居民只需使用入境方證件（即從澳門前往內地時用回鄉卡，從內地返回澳門時用澳門身份證）即可同時完成兩地邊檢程序，人均通關時間只需 30 秒。

港澳居民居住證

隨著內地改革開放的深入、與港澳簽訂《關於建立更緊密經貿關係的安排》（Closer Economic Partnership Agreement，簡稱 CEPA），以及中國加入世界貿易組織，港澳與內地的交往日漸頻繁，不少港澳居民更選擇在內地置業或長期居住，亦有內地移民在領取港澳特區永久性居民身份證後返回內地定居，而內地一直以來更是澳門學生升讀高等院校的主要目的地。根據澳門特區政府統計資料，2020 年 11 月在澳門工作或就學而居於廣東省珠海市或鄰近地區的澳門居民有 13,544 名[5]，2018 / 2019 學年在內地就讀高等院校的澳門學生有 9,227 名[6]，在澳門以外的升學目的地中佔最多。對於持有回鄉證在內地居住的港澳居民而言，由於其編號方式與中華人民共和國居民身份證的公民身份編號方式不同，因而在購票、取票、旅客入住、金融服務等常常受到兼容技術的限制。另一方面，隨著「粵港澳大灣區」概念在 2015 年提出並進入規劃和建設階段，港澳居民在內地就業須取得就業許可的一貫安排，將影響他們到內地發展事業的意欲。

為吸引港澳居民到內地發展事業，便利他們在內地的生活安排，國務院在 2018 年 8 月 3 日宣佈取消港澳居民在內地就業許可，公安部在 9 月 1 日推出「中華人民共和國港澳居民居住證」，凡在內地居住滿 6 個月以上，符合有合法穩定就業、有合法穩定住所、連續就讀的其中一項條件，即可自願申領。居住證最大特點是為持證者編予國家標準的公民身份號碼（澳門居民的公民身份號碼中的地址碼為 820000），從而在技術上與中華人民共和國居民身份證對接，方便部門機構直接讀取證件資料。居住證的有效期為 5 年，由縣級人民政府公安機關簽發、省級人民政府公安機關製作，持證人可享有參加就業、社會保險、登錄公積金的權利，享受義務教育、就業、衛生、文化體育、法律援助等基本公共服務，以及在乘坐交通工具、住宿旅館、辦理金融服務、申領駕駛證、報考申授執業資格、生育服務登記等方面享有與內地居民相同的待遇[7]。在 2019 冠狀病毒病疫情之下，跨境居住的澳門居民當時為豁免集中隔離醫學觀察而紛紛申領港澳居民居住證。根據內地公安部門提供的資料，截至 2020 年 4 月 2 日，持有居住證的澳門居民約 17,400 人，但到 4 月 30 日已達 34,000 人左右[8]，即在一個月內持領居住證的澳門居民增加近 1 倍，在數量上遠超統計暨普查局的統計所得。

另一方面，國家移民管理局等 16 個部門在 2019 年 3 月 26 日聯合發出《關於推動出入境證件便利化應用的工作方

案》，自 10 月份起逐步實現回鄉證持證人可憑證使用內地的交通運輸、金融、通訊、教育、醫療、社會保障、工商、稅務和住宿等領域 30 多項的服務，解決持證人長期以來不能自助辦理或需要提交大量輔助證明文件等問題，使回鄉證的功能與港澳居民居住證貼近。

港澳居民居住證的發出和改善回鄉證功能的措施，不但使在內地居住的港澳居民能基本享有與內地居民相同的生活便利，亦方便中央和地方政府實施居住人口管理，有利於日後推進惠及港澳居民的政策，例如放寬申請中小學教師資格、實施個人所得稅優惠政策、參加內地社會保險等。

註

1　珠海縣人民委員會在 1967 年於羅合山（又稱合羅山）建立公共墳場後，分散在縣內的墓地逐步遷葬至該處。

2　〈公佈申請掃墓證辦法〉，《華僑報》，1956 年 3 月 27 日，第 3 版。雖然每天入境掃墓人數設有限制，但實際執行上只要在開放掃墓期內仍容許持過期或未到期掃墓證的居民入境。

3　〈珠海縣照顧澳門同胞，入境辦法和去年一樣〉，《華僑報》，1968 年 3 月 21 日。

4　〈華僑歸鄉手續簡化，證明身份即可通行〉，《華僑報》，1956 年 2 月 12 日，第 3 版。

5　統計暨普查局（2021）。《人口統計 2020》。

6　高等教育局（2020）。《高教統計數據彙編 2019》。

7　《國務院辦公廳關於印發〈港澳台居民居住證申領發放辦法〉的通知（國辦發〔2018〕81 號）》，http://www.gov.cn/zhengce/content/2018-08/19/content_5314865.htm，取得日期：2020 年 3 月 7 日。

8　《關於立法會梁孫旭議員提出之書面質詢》，澳門特別行政區政府保安司司長辦公室，2020 年 5 月 6 日。

澳門的身份證和身份認同的構建

市民身份概念和身份認同的建構方式

英國社會學者馬歇爾（Thomas Humphrey Marshall）認為，市民身份的構建曾經歷三個階段，分別是以保障財產權為代表的「民法市民身份」（civil citizenship）、以投票權和參與政府治理為代表的「政治市民身份」（political citizenship）和以有權享有衛生、房屋和醫療福利為代表的「社會市民身份」（social citizenship）。而構建市民身份的前提，是成員之間具有由共同的過去所形成並植根的歸屬感和身份認同，從而願意為自己的「本土」劃定界限並加以捍衛。另一方面，後結構主義的市民身份側重於現代市民身份的文化要素，尤其強調市民身份具有多重面向。在西方資本主義社會，政治和經濟隨著社會發展變化而產生的重整，使形成市民身份基礎的權利、責任和歸屬感的內容都有所轉移，其結果是新的市民身份會不斷隨著時代的演進而形成 [1]。

事實上，從西方文明的演進過程觀察，市民身份的形成絕非現代社會的產物：從古希臘時代開始，市民身份的形成已被

視為一種從下至上的自我實現的過程，市民身份附隨的權利和義務，只是在後來古羅馬時代的體制安排下才出現。因此，馬歇爾對市民身份的理解，是圍繞著現代政治體系中「權利和義務」的概念而產生的。權利和義務實際上是後進的概念，其目的是為了使市民身份限制在一個具有某種自治能力的政治和道德群體之內。馬歇爾亦沒有考慮人在參與群體的過程中，由於經濟和文化因素而形成獨特的成員身份（membership）和身份認同。換言之，完整的市民身份尚應包括「經濟市民身份」和「文化市民身份」。另外，市民身份亦意味著個人與政治權威之間存在某種社會契約，使市民身份的構建過程本質上成為一項有計劃的排斥（exclusion），從而區別出「我者」和「他者」[2]。

另一方面，身份認同是構成一個實體的本質存在（being）的必要元素，為實體帶來團結或同性。土地和社會空間是形成社會身份認同的關鍵因素，空間的位置對形成身份認同所需的共同經驗和風俗有重要的作用，而由於殖民地是一處相對被包圍的地方，其內的個人對共同的經驗和彼此之間的距離經驗會產生強烈的感受，從而為形成新的集體身份認同和市民生活提供基礎。身份認同的構建過程是人通過探索標記上的秩序（symbolic order），從而使個人在心理上填補內在的空虛，在社會層次上則推進群體內的成員團結，而非表達已經存在的事物。因此，身份認同的構建過程是回溯性，但

其表現方式卻有如在本身形成之前便已存在。由此可見，身份認同的構建是偶然、可變而且永無止境的。身份認同的構建過程也是群體構建本身話語體系的過程，其終向是政治共識的形成。群體通過把構成身份認同的特性分層排列而連貫起來，使特性之間的差異呈現主次之分，從而反映出群體成員內部的權力關係。身份認同之間又因為注重指出哪些不是屬於自己的事物，使身份認同本身必須依靠「他者」而存在 [3]。

西班牙社會學者卡斯泰爾（Manuel Castells）認為，身份認同是社會成員基於一種或一套互為關連的文化屬性構建意義的過程，而此一過程是超越其他可資構建意義的來源。如果從社會學角度而言，身份認同是人為的構建過程，則如何構建、構建的基礎、由誰構建和構建的目的都是值得關注的課題。歷史、地理、集體記憶、權力工具和宗教啟示等都可成為構成身份認同的基礎，個人、社會團體和社會根據本身的社會結構和時空框架所決定的共識和文化，而對之加以處理並重組它們的意義。因此，構建身份認同的人，以及構建身份認同的目的，對身份認同標記的內容、意義納入的判斷標準具決定性的影響，是在權力關係的語境下所開展的社會建構工程。而雖然身份認同可以源於佔支配地位的機構制度（dominant institutions），但只有在社會成員通過內化過程並從中構建其意義時，身份認同才成為現實。卡斯泰爾提出構建身份認同的三個起源，包括正當化（legitimising）、對抗

（resistance）和規劃（project）。身份認同的正當化是由社會上處於支配地位的制度或機構施加於社會成員身上，使其支配合理化。對抗性的身份認同構建是對正當化的其中一種回應，是一種防衛性的身份認同，以保障本身的價值判斷並鞏固被支配成員的團結。規劃性身份認同是社會成員以本身可取得的文化材料作為基礎，構建一種能在社會上重新界定其位置的新型身份認同，社會成員通過共同的經驗而取得全面的社會意義，且為著延續身份認同的建構進程而尋求整體社會轉型[4]。由此可見，身份認同成功構建的前提，是文化屬性必須對社會產生普遍的意義。

身份證對澳門「市民身份」的形成和構建身份認同的影響

澳門一直以來作為一個國家之下的地方行政區域，由於其政治行政體制與國家主體體制有所不同，其居民履行的義務和享有的權利，以至行政當局或政府保障居民權利的具體內容亦與國家主體的規範有所不同，因而使澳門具備構建本身「市民身份」（citizenship）的條件。而澳門身份認同的構建大概可以 1992 年為界線分為兩個階段：1992 年之前是市民身份的普遍缺位和身份認同的碎片化階段，此後是隨著「澳門居民」概念的提出而形成的澳門市民身份和身份認同建構的趨同階段。

縱觀澳門的身份識別或證明文件制度，在過去深受葡萄牙的法律原則影響而只有以國籍為基礎的「公民」概念，本地「居民」的概念並不存在，更因後來「新國家體制」（Estado Novo）政權向殖民地人民強調與本土地區一體的政策，使公民身份作為組成葡萄牙的民族和國家有機主體的重要性進一步被強調。在上述背景下，葡萄牙的「認別證」便成為證

明持證人民事身份並具有正式法律效力的文件，但由於執法不嚴、中葡居民彼此言語不通、港英當局不視之為有效身份證明文件等因素，使澳葡當局在 1950 年代嘗試圍繞著「公民」和「外國人」的概念作為發放統一身份證明文件的基礎以失敗告終。葡萄牙在澳門實施行政管理以來，在沒有為「澳門居民」給予清晰定義的背景下發出的各式各樣身份識別文件，除開「認別證」具有權威性的法律效力之外，其目的純粹是為了識別和證明持證人具有在澳門居留或逗留的權利，甚至只證明持證人在澳門居住或是在澳門沒有犯罪紀錄，不必然代表他們在澳門地區都享有相等或相稱的政治和社會權利，造成「澳門居民」對大多數人的意義長期以來僅停留在「居住人口」的層次，並未進一步深化和確立為一種能在澳門社會普遍適用，且不以國籍為單位的「市民身份」。對當時的澳葡當局而言，只有具葡萄牙國籍的人才有「市民身份」。然而，即使市民身份只適用於持有葡籍認別證的居住人口，仍由於不少葡籍華人不諳葡文而無法完整享有與市民身份相應的權利，例如投考公務人員職位、行使選舉權等 [5]。

另一方面，雖然澳門社會長期以來華洋共處，但葡萄牙把海外屬地的居住人口分為「公民」、「土著」和「外國人」三類，客觀上使各族裔處於分隔狀態，互不相干。然而，澳門與葡萄牙其他海外屬地明顯不同的地方在於其地理面積較小，而

且葡人和華人分別掌握政治行政和經濟資源優勢[6]。在此背景下，不同文化在澳門的交匯使各族裔在社會生活上仍有交流的機會，但人口比例懸殊導致這種交流並無進化成大規模的交融，文化交融從未成為澳門社會文化的主流，文化多元才是澳門社會的主流特色，這反過來使不同族群之間以至族群內部對澳門的身份認同（具體可稱為「澳門人」）有各自的實際認知。

以葡萄牙後裔居民為例，由於他們在過去大多出任公務人員，受當時以澳門社會並非可輕易取得的資源——葡語知識作為任用條件之一的影響，以及在葡萄牙「新國家體制」政權中後期提倡的殖民主義人類學論述中強調葡人與其他族裔通婚繁衍的「葡萄牙熱帶主義」（luso-tropicalismo）的「血統論」帶動下，他們因為有資格參與澳葡政治行政體制，同時具有符合「海外政策」的「血統要求」而成為葡萄牙在第二次世界大戰後維持海外屬地管治正當性的代表，使他們一度在澳門社會有著養尊處優的位置，因而使他們長期認為自己才是澳門的「本地人」，故自稱為「macaense」，即「澳門人」，殊不知該詞在葡萄牙本土是泛指「澳門的」廣義，而非僅僅指某一族裔或族群的狹義。顯然，葡萄牙後裔居民當時在澳門的這種社會地位是由葡萄牙「新國家體制」政權加諸的，由此主觀產生的優越感，使他們對 1974 年 4 月 25 日葡萄牙發生軍事政變導致舊政權倒台感到不可思議[7]，並

隨著高斯達總督在 1984 年向葡萄牙總統建議解散當時由他們主導的澳門立法會，而使他們對自己在澳門社會地位的認識逐漸回歸到現實中來。

至於上述觀點對華人而言是難以接受的，特別是他們佔澳門人口的絕大多數，認為澳門是「中國人的地方」。「中國人的地方」此一表述至少包含三個層次的涵義：澳門的祖國是中國，華人在個人層次普遍認為自己是中國人，而中國人是構成澳門居住人口的主體，才是這片地方的主人，在在折射出明白的國家民族意識。顯然，在華人看來，如果歷史上葡萄牙人從來沒有來過澳門，則其後裔根本連「澳門人」也做不到。即使退一步而言，既然葡萄牙當局在歷史上一度視澳門的華人為當地「土著」，誰才是「澳門人」就不言自明了。另一方面，華人社群成員之間對誰是「澳門人」又有不同的見解。在澳門居住的華人大多是從廣東省和福建省移居而來，也有一些東南亞華僑或其後裔。當中具有葡萄牙國籍並取得葡籍認別證的澳門華人，因大多都在澳門出生而以「澳門人」甚至「原居民」自居，把持有其他證件的華人都看成是「外來人」，卻幾乎忘記自己其實也是移民後代。未持有葡籍認別證的其他華人隨著定居時間增加並在澳門落地生根，對本地社會環境和交往規律越來越熟悉。這些經驗通過內化過程而自然產生對澳門的身份認同，視自己為「澳門人」也是理所當然，儘管這種想法未必獲得一些「先來」的

同胞乃至葡萄牙後裔居民的認同。在當時的澳門華人和葡萄牙後裔居民之間，對「澳門人」的一致理解可能只有「在澳門居住」一項，但這種理解其實是膚淺的，不足以成為深化至某種在身份認同上取得共識的基礎。

出現上述對「澳門」的身份認同「各自表述」的原因，除了由於澳門以往人口結構複雜，居民來自五湖四海，還有社會設備貧乏導致彼此尚未及時產生深刻的共同經驗和深厚的共同記憶。在此語境下，多元文化的特性由於價值取向的迥異甚至對立，而難以成為建構身份認同的共同標記，而「認別證」和「身份證」等各類身份識別文件長期在澳門社會並存，又由於這些文件的法律和社會功能不一，使身份識別文件在當時難以成為判別澳門居住人口市民身份的客觀、不帶有價值取向的中性和公認的可見標準，繼而影響到共同身份認同的構建：正由於缺乏統一的身份證明文件佐證，要釐清「到底誰才算是『澳門人』」此一首要和關鍵的問題時即已無從入手。市民身份在大多數澳門居住人口中長期缺位，以及對身份認同的各自表述，直至 1992 年居民身份證制度獲確立，並在特區成立後進一步分為永久性居民和非永久性居民身份之前，基本上沒有太大的改變，卻足以發展成影響澳門兩三代人（主要是 1980 年代或之前出生者）的固定觀念。

「澳門居民」概念的正式提出，有基於中國政府恢復對澳門

行使主權後落實「一國兩制」、「澳人治澳」和「高度自治」的實際需要，而此一概念於政權交接過渡時期在中國政府的主導下逐漸成形。永久性居民和非永久性居民的概念在2002年進一步具體化為身份證之後，如何判別澳門特區居民身份才有一個客觀、公認和便於理解的標記。由於永久性居民是澳門居民的構成主體，《基本法》的規定更意味著成為永久性居民是享有澳門特區完整的政治和社會權利、參與澳門特區政治行政體制的基本要求，永久性居民因而成為構成澳門特區「市民身份」的基礎，亦為不同族裔攜手構建屬於澳門的身份認同找到一個共通的起點，即在身份認同建構過程中，身份證得以成為市民身份的標記秩序（symbolic order）。因為澳門居民只有通過市民身份，才能以持份者和主人翁的角色處理、組織、歸納並表現澳門社會的風俗、行為、習慣、知識等資源，從而提煉出構成身份認同的社會意義。換言之，澳門特區的身份認同，是通過行政當局的強制手段對居住人口加以整合，對符合法律訂定的條件者在確立其市民身份之後，再通過「身份證」作為一項重要基礎和標記而建構起來的。

即使把眼光放到政權交接之前，葡萄牙在對澳門實施行政管理的一段長時間中，其實亦試圖通過國籍使「葡萄牙」的身份認同在澳門取得正當性，而「國籍」的標記即為葡籍認別證，至少它是當時的制度下能取得民法權利、參與政治行

政體制的政治權利，以及從事「官方」歷史論述的文化權利等市民身份的必要條件。以澳門的歷史文化研究為例，該領域在 1980 年代之前幾乎被葡籍人士壟斷，研究課題以葡萄牙在遠東地區的航海史、以葡萄牙行使保教權（direito do Padroado）為前提的天主教傳教活動史、議事會對澳門葡人社群的治理為主要內容，在建構身份認同的話語體系過程中，以維護葡萄牙管治海外屬地的正當性，並支持殖民主義社會關係和政治秩序框架為目的 [8]。然而，這種根據卡斯泰爾的分類而可被視為「正當化」的身份認同構建工程，卻因為語言的障礙而沒有在華人社群產生普遍的影響，反而因為華人在當時歷史文化研究工作的缺位，「官方」的歷史論述以及葡人群體的研究成果亦不為華人社群知悉，更遑論接受。從覆蓋面而言，葡萄牙對澳門社會施加的這種身份認同因為沒有普遍的社會基礎，所以是失敗的。

澳門在 1976 年開始進入社會制度本地化的歷史新頁，並隨著中葡兩國順利解決澳門前途問題而深化。不少澳門的居住人口以往視澳門為過渡地方的觀念，又因其他地方的移民政策收緊而逐漸改變，從逗留逐漸演變成定居。與此同時，澳門經濟受惠於中國內地改革開放大潮而起飛，行政當局開始加大對各項社會設備的投資，使澳門逐漸朝現代化城市的建設目標邁進。高斯達出任澳門總督之後，敏銳地注意到澳門居民的不同群體沒有共同相處的空間和溝通的機會，認為

澳門需要一套文化政策作為促進彼此溝通的標記[9]（意即手段），並通過文物保護、文化活動和葡語推廣相結合的策略加以推動，尋求突出澳門中葡文化並存的城市特色[10]，隨著政策的深入推進而拓展至發展本地造型藝術、文學創作、歷史研究和出版方面[11]，同時通過成立電視台作為傳播葡萄牙文化乃至澳門歷史「官方論述」的平台。在文禮治出任總督之後，文化政策首次與「身份認同」掛鈎，認為其目的是鞏固居民的集體身份認同和社區意識，使之通過文化成為澳門地區風貌的構成要素之一[12]。

在最後一任總督韋奇立（Vasco Joaquim da Rocha Vieira）就任後，行政當局文化政策的重點放在澳門作為不同文化交匯和不同文明交流的平台角色。澳門文化被視為構成當地人文內涵的要素，強調中葡兩大族群因 400 多年來的共處而產生的歷史和集體記憶是構成澳門身份認同和本身獨特性的基礎，並為著澳門當前和將來的「自主」或「主體性」（autonomia，此詞在當時往往被誤譯為「自治」）而應加以維護並發展。因此，其時的文化政策的目標之一是活化並鼓勵「澳門及其居民的文化」（cultura de Macau e da sua população），參與鞏固澳門的身份認同，以及推動對記憶的認識和尊重，使各社群的生命力得以加強[13]。顯然，澳葡當局在這段時期圍繞文化遺產保護、本地文化藝術、歷史文化研究以至法律本地化[14]展開新一輪的「正當化」身份認同

構建運動，試圖構建行政當局主張的中葡文化至少應等量齊觀，甚或在某些領域應以葡式文化為骨幹的「澳門文化」為高等文化（high culture），其他社群主張的「居民文化」為大眾文化（mass culture）的澳門「文化身份認同」（identidade cultural）[15]，其建構基礎不是身份證，而是當局認為可為其價值取向服務的歷史文物建築。這也可以說明當局為何對澳門實施行政管理的後期，在推動加入聯合國教科文組織的議程上採取異常積極的態度，因為當局認為通過這樣便能進一步推進早在 1980 年代已提出把澳門的代表性西式歷史建築申報為世界遺產。不過，由於《保護世界文化和自然遺產公約》規定有關的申報工作必須由締約國（即主權國家）提出，在澳門當時的主權和治權尚未合一的背景下，葡方一直只能從事申遺的一些前期工作，並且通過中葡聯合聯絡小組向中方表達其認為應予申報的歷史建築清單。

就在同時，澳門的華人社群亦平行且有系統地展開「對抗性」身份認同建構工作。一方面，經濟發展普遍改善居民的生活水平，另一方面，重大社會設備和基礎建設的漸次落成，讓居民之間確實有了共同相處和溝通的公共空間和機會。此外，行政當局在這段時期陸續實現社會制度的本地化，例如頒佈第 18/82/M 號法令（禁止僱用無證人士）、治安警察廳發出的「身份證」獲承認具有公證效力、在澳門長期居住的人口獲賦予選舉、公共醫療、公共房屋、取得社會

福利和參與社會保障等權利、全體居民有從事民事登記義務等政策措施的落實，國籍作為是否具備市民身份的法律標準已逐漸退居次要地位，澳門居民開始逐漸較平等地享有市民身份中的民法、政治、社會、經濟以至文化權利，再加上澳門在將來實踐「一國兩制」方針的實際需要，四方面的結合使澳門社會形成一道固定而可見的心理邊界，為居民形成共同的經驗和記憶創造條件。

自 1980 年代開始形成的本地藝術、華文文學創作和學術研究氛圍，在這種「對抗性」的身份認同建構工程中共同發揮總結經驗、鞏固記憶、提煉精粹、充實內涵的作用，與澳葡當局的「正當化」工程既有重疊之處，又從中辨明當局在其「正當化」身份認同構建工程中的內容，對於符合歷史和社會客觀現實，而又不涉及殖民主義和「葡萄牙」國家認同的論述、風俗、生活體驗、禮儀等都加以接受。當時本地華人藝術和文學創作的側重點落在平民百姓的生活體驗、華人社群風物的記憶、對行政當局不合理施政的批判等；而學術研究的重點則在於釐清社會運行規律、內部社會關係、歷史觀點的鑒別、證實、證偽和批判等。雖然當時澳門居民享有的市民權利已逐漸清晰，但由於真正的「市民身份」仍不明確，結果從 1980 年代開始直至澳門政權交接前一直延續的兩條身份認同建構軌道，或曰身份認同話語權之爭，依然以「各自表述」告終，澳門的身份認同依然處於分散無序的狀態。

澳門人口結構的重要特徵是華人佔絕大多數，當中絕大部分
在澳門特區成立後都是中國公民。在主權治權合一符合澳門
社會結構和時空框架的條件下，以往澳門居民對「澳門人」
的迥異理解已基本消失，本地文化以中華文化為主流，多元
文化並存的特性既是社會現實，更成為澳門社會的普遍共
識，由此產生的是有別於以往分散無序的澳門身份認同。主
權和治權的合一亦使身份認同的建構從以往的對抗變為規劃
性建構。在特區年代下的澳門居民，因著「身份證」而重新
界定自身的社會位置，並在此基礎上經歷經濟發展、社會轉
型的共同經驗，由此產生的社會意義以及身份認同，均具備
普遍的社會基礎和充足的正當性和說服力。如果身份認同的
建構過程是具有回溯性質，而且屬於群體話語體系建構過程
一部分的話，則由於澳門主流社會通過 1980 年代開始自發
組織文化藝術和學術研究的共同體在回歸後取得澳門歷史和
社會論述的話語權，使「和而不同，群己合一」的社會價值
觀為磐石的身份認同為當今澳門社會普遍接受，而且進一步
促成了澳門特區政治共識的形成 [16]。

在特區年代下的澳門身份認同的內容，理所當然以中華文化
為主流，而澳葡行政當局以往不斷主張的所謂「澳門文化」
的地位，卻因為這與澳門的社會現實不符，而在新一輪的身
份認同的構建過程中被重新安排其合適的社會位置，轉型成
為澳門多元文化和身份認同的重要構成部分之一，並反映在

葡文是澳門特區正式語文、具有葡萄牙色彩的物質和非物質文化遺產得到保護、葡萄牙後裔居民的習俗和文化傳統受《基本法》保障、在經濟發展上作為中國與葡語國家商貿合作服務平台等多方面。在申報「澳門歷史建築群」（後重新使用澳葡當局 1980 年代提出的「澳門歷史城區」命名）為聯合國教科文組織世界遺產時，亦強調澳門在中國歷史進程的角色、其產生的積極影響，以及中國在澳門城市發展過程中的主導角色，在初步名單的基礎上加入盧家大屋、三街會館、舊城牆遺址、東方基金會會址和基督教墳場等反映中國居民生活方式和非葡萄牙元素的歷史建築，還原澳門城市發展過程的歷史面貌，使澳門歷史城區彰顯的世界遺產「突出的普遍價值」（outstanding universal value），全面反映中國歷史語境下的客觀和真實意義。

通過上述自發的規劃性構建進程而形成的澳門身份認同具有堅實的社會基礎。如果以澳門居民身份證自 1992 年開始發出為時間點，在出生時即可領取該證的澳門居民現已逐漸成為澳門社會的骨幹，是繼承並進一步充實澳門身份認同內涵的主力。隨著非高等教育制度在 2006 年確立培養受教育者「對國家和澳門的責任感，使其能恰當地行使公民權利，積極履行公民義務」以及「能以中華文化為主流，認識、尊重澳門文化的特色，包括歷史、地理、經濟等多元文化的共存」等總目標，充實澳門身份認同的重要基礎已通過正規教

育課程的實施而讓下一代承傳 [17]。隨著博彩業專營權分散化帶動經濟發展和社會轉型，不少非永久性居民在這個過程中已成為永久性居民，而澳門經濟與內地以至世界經濟接軌，連帶制度標準亦漸漸不再以葡萄牙或歐洲聯盟標準為唯一的參考。澳門居民收入增加使每名澳門居民年平均出境次數從 1999 年約 25 次大幅增加至 2019 年約 63 次 [18]；而居民對下一代的教育要求提升、政府加大獎學金的發放規模，以及內地高等院校對澳門學生實施的各項優惠政策，使選擇到外地升學的澳門學生從 2011 / 2012 學年的 14,933 人（以內地為目的地者 5,322 人）上升至 2018 / 2019 學年的 18,526 人和 9,227 人 [19]。

在政權交接後期和特區成立後出生的一代逐漸進入澳門社會主流舞台、基礎教育對中華和本土文化的重視、本土知識體系根據後殖民話語論述為基礎而建立並充實、澳門居民與內地（特別是粵港澳大灣區和橫琴粵澳深度合作區）和世界各地的經濟社會交往漸趨頻繁而產生對比，以及非永久性居民在成為永久性居民的過程中的社會體驗，上述因素共同使澳門各種社會經驗的意義識別得到調和與整合，既豐富原有澳門身份認同的內容，並進一步通過教育、傳授、公開活動等方式加以傳承，而使身份認同的內容有所深化。同時，通過「澳門歷史城區」世界文化遺產，使這種身份認同與世界連接。這印證了構建身份認同的重點在於調和、整合各種重疊

的社會影響 [20]，反映的正是澳門社會一直以來開放和包容的
特質。

註

1   Gregory, D et al. (eds., 2009). *The Dictionary of Human Geography (5ᵗʰ Edition)*. Chichester: John Wiley & Sons. pp. 84-85.

2   O'Byrne, D (2005). Citizenship. In Atkinson, D et al. (eds.). *Cultural Geography — A Critical Dictionary of Key Concepts*. New York: IB Tauris. pp. 135-140.

3   Martin, J (2005). Identity. In Atkinson, D et al. (eds.). *Cultural Geography — A Critical Dictionary of Key Concepts*. New York: IB Tauris. pp. 97-102.

4   Castells, M (2010). *The Power of Identity*. Oxford: Wiley-Blackwell. pp. 6-10.

5   在 1974 年之前，除具有葡萄牙公民身份並已屆成年或已解除親權外，懂閱讀及書寫葡文在絕大部分情況下是符合葡萄牙（澳門）選民資格的一項必要條件。此一條件在葡萄牙君主立憲時期即已存在，原意是確保選民在投票時有獨立能力填寫心儀人選的姓名，從而正確行使選舉權利。後來由於選票設計要求選民劃去其不同意當選的候選人姓名，故仍保留此一條件。然而，由於葡萄牙本土在 1960 年代之前的成人識字率偏低，海外屬地則由於針對非歐裔居住人口的葡語學習資源匱乏，此一條件客觀上成為了葡萄牙公民行使選舉權利的限制，也使選舉權變相成為一種特權。

6   詳細論述見陳震宇（2011）。《現代澳門社會治理模式研究》。北京：社會科學文獻出版社；澳門：澳門基金會，第 116-125 頁。

7   吳志良（2010）。《澳門政治制度史》。廣州：廣東人民出版社，第 240 頁。

8   吳志良、陳震宇（2019）。《學術話語權的回歸與澳門特別行政區政治共識的形成》，《港澳研究》2019(4)，第 21-28 頁。

9   Almeida e Costa, V (1982). *A Comunicação entre os Homens e a Convivência entre as Pessoas*. In Instituto Cultural de Macau (1986). Macau Coordenadas de Política Cultural. pp. 5-6.

10 *Boletim Oficial de Macau*, 2.° Suplemento ao n.° 52, 30 de Dezembro de 1982. p. 2280.

11 *Boletim Oficial de Macau*, 2.° Suplemento ao n.° 52, 30 de Dezembro de 1983. pp. 2459-2460.

12 *Boletim Oficial de Macau*, Suplemento ao n.° 6, 8 de Fevereiro de 1988. pp. 474-475.

13 *Boletim Oficial de Macau*, Suplemento ao n.° 52, 31 de Dezembro de 1992. pp. 6096-6097.

14 在政權交接過渡期和澳門特區成立初期在司法領域長期任職的法官白富華（Sebastião José Coutinho Póvoas）曾指出，澳葡行政當局在法律本地化的進程中

並不關心是否採用葡萄牙的法律，而是保留葡萄牙文化的原動力，以及是否能配合現代社會和服務市民。參閱〈法律及司法制度均需改，無需完全仿照葡國模式〉，《華僑報》，1989 年 9 月 12 日，第 2 版。

15 Gabinete do Governador de Macau (1999). *A Administração de Macau durante o Período de Transição*. pp. 89-99.

16 吳志良、陳震宇（2019）。《學術話語權的回歸與澳門特別行政區政治共識的形成》，《港澳研究》2019(4)，第 21-28 頁。

17 第 9/2006 號法律，《澳門特別行政區公報》第一組第 52 期，2006 年 12 月 26 日，第 1535-1556 頁。

18 根據統計暨普查局（2000）。《統計年鑑 1999》及統計暨普查局（2020）。《人口統計 2019》資料估算。

19 參閱高等教育輔助辦公室（2013）。《高教統計數據彙編 2012》；高等教育局（2020）。《高教統計數據彙編 2019》。

20 Martin, J (2005). Identity. In Atkinson, D et al. (eds.). *Cultural Geography — A Critical Dictionary of Key Concepts*. New York: IB Tauris. pp. 97-102.

結論

歐洲殖民列強自 19 世紀末召開柏林會議後，開始觸及對殖民地的行政和社會治理問題，包括管理當地原居民的問題。葡萄牙從那時起選擇按照其認定的「文明程度」為標準，把居住在海外屬地的人口分為「公民」、「土著」和「外國人」三類，在地位上以公民為首要，外國人次之，「土著」處於底層。各海外屬地根據上述分類發出不同設計和功能的身份識別文件，反映的正是當時葡萄牙殖民主義的治理理念：「土著」必須經過「文明教化」，在達至執政者認定的「文明程度」之後才有機會成為公民，才有機會取得相應的市民身份，才有機會享有完整的政治、社會和經濟權利。

誠然，市民身份是參與構建身份認同的前提，而構建身份認同的基礎必須與社會結構相符並具備普遍的社會共識。澳門

長期以來與葡萄牙其他海外屬地一樣，「市民身份」與國籍掛鈎而不存在「當地居民」的法律概念。葡萄牙在確立對澳門的殖民管治後一段長時期，視沒有信奉天主教的華人為「土著」，並以法律形式承認其固有的風俗習慣，而非葡籍華人習慣上亦不認為有必要在澳葡當局辦理民事登記，使他們在第二次世界大戰後從「土著」身份過渡至「外國人」後，處於近乎「無國籍人士」的尷尬狀態；又由於當時的澳門沒有確定的陸地邊界和領水，使當局未能實施完整的邊境管理，居留管理的約束力亦未能伸延至這批佔澳門人口相當比例的群體。澳葡當局在 1957 年起發放認別證後，葡籍認別證成為持證人享有當時澳門市民身份的標記，但由於絕大部分葡籍華人不諳葡文，其享有的社會政治權利實際上並不完整，更遑論能與葡裔居住人口平起平坐。另一方面，當局在 1952 年為配合港英當局入境政策的調整而向非葡籍華人發放「身份證」，原本目的僅用以證明持證人在澳門居住和沒有犯罪紀錄，持證人與市民身份絕緣。

由此可見，在認別證和身份證的功能於 1980 年代逐漸趨同之前，「市民身份」僅對少數澳門居住人口產生實質意義。

在此情形下，不同族裔或族群僅憑各自的社會經驗和主觀認知，而建立起本身對澳門身份認同的詮釋，行政當局也為了配合其時中央當局的「海外政策」而試圖在澳門展開「葡萄牙」身份認同的正當性構建工程。隨著澳門社會在 1980 年代起經歷經濟成長、城市現代化以及進入政權交接進程，行政當局重整以往並不成功的正當化身份認同構建工程策略，轉而以有選擇性的歷史文物建築為構建基礎，強調中葡文化並存、文化交匯和文明交流的城市特色和平台角色，最終目的是試圖構建一種以「澳門」為名的高等文化。誤將多元文化和歷史文物建築等構成身份認同內涵的要素作為構建身份認同的基礎和標記秩序，既倒果為因，又由於其潛在的價值取向與澳門社會和人口客觀結構特徵迥異甚至對立而顯得極其脆弱，不能取得成功是無可避免的。

隨著認別證和身份證的功能趨同，以及澳門居民身份證制度在 1992 年成功建立，澳門的居住人口開始較平等地享有市民身份的各種權利。華人社群在 1980 年代起展開的對抗性身份認同建構工作，正是行使其文化市民身份的體現。「澳門居民」的概念在政權交接後期提出並逐漸明確，使主權和

治權合一後佔澳門特別行政區人口絕大多數的永久性居民，都享有完整和一致的市民身份。澳門居民因其市民身份而行使的各種權利和義務，意味著他們就是澳門特區的持份者和主人翁。身份證此時得以作為市民身份資格的標記秩序，在於其能作為判別此一資格的客觀和可見標準，能解答「誰是澳門人」此一首要和關鍵問題。又由於身份證不帶有價值取向，而成為了構建澳門特區身份認同的標記秩序，為澳門居民不分文化背景和價值取向，以持份者和主人翁的角色平等並自發投入規劃性身份認同構建進程、調和整合社會經驗、奠定身份認同的社會基礎、豐富身份認同的內涵提供有利的前提。

澳門身份證發展紀事

1886　　《澳門地捫憲報》頒佈適用於澳門和帝汶的民事登記規章，規定不信奉天主教的葡籍和外籍人士，遇有出生、婚配、死亡、非婚生子女的準正（legitimações），以及華人之間的收養必須辦理民事登記。

1901　　葡萄牙管理水師事務兼外洋屬地部頒令，1878 年 11 月 28 日的民事登記規章伸延至澳門生效，取代 1886 年的專有規章。

1905　　葡萄牙頒佈皇室令，規定只有已辦理民事登記的華人方可取得葡萄牙國籍。

1906　　關於規範外國人到海外省入境、居留、過境及離境的葡萄牙皇室令在《澳門憲報》刊登。

1907　　葡萄牙頒佈法律，規定國民如欲離境應申領護照或認別證（Bilhete de Identidade），是為葡萄牙身份認別制度的開端，但認別證的樣式延至 1913 年 9 月 9 日才公佈。

　　　　行政當局頒佈第 145 號札諭（Portaria，即訓令），訂定 1906 年 7 月 4 日葡萄牙皇室令（關於規範外國人到海外省入境、居留、過境及離境）在澳門的施行細則，開始發放永久居留證（título de residência permanente），但適用對象不包括中國人。

1914　　葡萄牙本土地區發放第一批認別證。

1924　　行政當局頒佈第 10 號立法證書，在澳門警察廳內增設「認證兼科學驗證所」（Pôsto de Identificação e Investigação Scientífica），發出「認證片」（bilhete de identidade），但並無公佈最終式樣。

1932	葡萄牙頒佈新的《民事登記法典》中設「認別證」專節，但該法典並未立即伸延至海外屬地生效。
1933	澳門中華總商會獲國民政府授權向會員發放「僑居證明書」。
1935	行政當局頒佈第 1959 號訓令，更新對外國人進入澳門和居留等規定，由民政總局（Repartição Central dos Serviços de Administração Civil）向擬在澳門逗留超過 20 天的外國人發放居留證（título de residência），但適用對象仍然不包括中國人。
1942	「澳僑協助難民回鄉委員會」成立，向返鄉人士發放「歸僑證」，至該會解散後仍繼續發放。
1947	中國國民黨澳門支部及澳門中華總商會向來往內地的華籍居民發放「僑居證」。
1951	廣東省人民政府發佈《關於沿海旅客進出入國境的佈告》（粵公邊字第六號），規定凡旅客出入內地均須領取「通行證」。為滿足澳門華籍居民清明省墓需要，中山邊防當局委託澳門中華總商會及澳門工會聯合總會簽發「掃墓證」。
1952-02-29	葡萄牙政府頒佈第 38662 號法令，在海外省設立認別證科（Arquivo de Identificação），並將 1932 年《民事登記法典》中關於發放認別證的規定延伸生效。
1952-05-17	行政當局頒佈第 5165 號訓令，由警察廳向非葡籍華人居民發放「身份證」（cédula de identificação policial），主要方便居民憑此前往香港。
1953	澳門中華總商會停止簽發「僑居證」。
1956	拱北、深圳邊防檢查站為方便港澳居民返鄉度歲而即場簽發「臨時通行證」，隨後改為長期安排，「臨時通行證」易名「港澳同胞回鄉介紹書」。
	葡萄牙政府頒佈第 40610 號國令，葡萄牙公民在海外屬地連續居住滿兩年者，被視為於當地永久居留。

1957	葡萄牙政府頒佈第 41077 號法令和第 41078 號國令，更新認別證制度並成為單行法規。認別證分為國民認別證（Bilhete de Identidade de Cidadão Nacional，俗稱「葡籍認別證」）和外國人認別證（Bilhete de Identidade de Cidadão Estrangeiro，俗稱「非葡籍認別證」）。
	第 40711 號國令（關於申領認別證的施行細則）生效，澳門行政當局開始向葡籍居民發放認別證。
1959	葡萄牙頒佈《國籍法》（第 2098 號法律），規定在葡萄牙領土出生者即可取得葡籍。
1961	領取身份證的年齡從 14 歲放寬至 10 歲。
	港英當局成立人民入境事務處，委託英國駐澳門領事館向澳門非葡籍華人居民簽發「旅遊香港許可證」，廣東籍貫居民從此不能憑身份證直接前往香港。
1964	葡萄牙政府頒佈第 45754 號國令，本土地區認別證式樣改為卡式。
1967-05-26	受澳門「一二‧三事件」後遺、香港「六七暴動」和內地「文化大革命」風潮影響，英國駐澳門領事館關閉。由 5 月 29 日起，辦理「旅遊香港許可證」改由香港人民入境事務處負責。
1969	行政當局頒佈第 1796 號立法性法規《澳門省入境、逗留及長期居留章程》，適用對象仍然不包括中國人。
	葡萄牙司法部頒佈第 24325 號訓令，更新卡式認別證式樣。
1971	葡萄牙海外部頒佈第 671/71 號訓令，將本土地區發放的卡式認別證式樣伸延至海外省實施，同時規定海外部部長得隨時通過訓令更改式樣。在實務操作上，有關當局繼續簽發原有的簿摺式認別證，直至庫存用完為止。
1974-09-09	澳門開始發放卡式認別證。

1976	當局計劃於 1977 年統一向澳門居民發放認別證,並與港英當局商討新證發放後便利澳門居民赴港安排,但因不獲港英當局接納,失敗告終。
1979	內地公安部門開始簽發「港澳同胞回鄉證」,12 月 1 日起停止簽發「港澳同胞回鄉介紹書」。
1980	隨著「港澳同胞回鄉證」啟用,內地停止簽發「掃墓證」。
1981	行政當局承認身份證具有證明持證人民事身份的功能,並增設「兒童身份證」(Cédula de Identificação Policial para Menores)以及不設申領年齡限制。
	葡萄牙頒佈新的《國籍法》(第 87/81 號法律),改採血統主義原則。
	內地公安部門簽發新款「港澳同胞回鄉證」,並開始引入電腦化管理。
1982	當局展開無證勞工登記行動,5 月 1 日開始根據社團登記資料分批發放「臨時逗留證」(Título de Permanência Temporária),共 24,016 張,至 7 月 12 日結束。
1983	澳門司法警察廳在接獲葡萄牙司法部指令後展開調查,發現大量憑偽造中國護照換領的非葡籍認別證,另揭發有大量港澳居民在不諳葡語的情況下,仍獲發認識葡語證明書以取得葡萄牙國籍,引發「民政廳大地震」事件。涉案嫌疑人 1992 年獲里斯本上訴法院宣告無罪。
1984	由治安警察廳發出的身份證,以及香港身份證在公證行為中獲承認為身份證明文件。
	行政當局頒佈第 79/84/M 號法令,規範認別證在澳門的發放,另新設「電腦認別証」作為澳門地區統一身份證明文件,但基於多重原因而沒有簽發。
1984-02-01	澳門身份證明司成立,承接原民政廳和治安警察廳發放證件的職能。

新的《民事登記法典》生效，規定所有在澳門出生者須強制辦理出生登記。

1984-05-21　在 1982 年無證勞工登記行動中獲發臨時逗留證人士開始分批獲發身份證，至 1985 年 5 月 29 日基本結束，期間共發出約 23,400 張身份證。

1987　《中華人民共和國政府和葡萄牙共和國政府關於澳門問題的聯合聲明》簽署，附件一（中華人民共和國政府對澳門的基本政策的具體說明）首次提出「澳門特別行政區居民」的概念。

葡萄牙頒佈第 42/87 號規範性國令（Decreto Regulamentar），葡籍認別證採用歐洲委員會建議的式樣（即加入法文和英文）。該式樣通過第 112/91 號法令伸延至澳門適用，並容許華人持證者以中文簽名，但此一安排於澳門政權交接後被取消。

1989-01-10　當局特赦無證青少年和學生（「龍的行動」），共 9,603 人登記，經甄別後約 4,500 人獲發身份證。

1990-03-27　當局擬為在「龍的行動」中獲發身份證的青少年的無證父母發證，引起大批在澳無證人士湧出中區要求登記。3 月 28 日晚，當局即席決定展開登記程序，至 3 月 29 日晚結束。關閘警察球場、特警總部和蓮峰球場先後發生人潮擠壓事故。當局於整個行動共接受 45,053 人登記。因登記行動集中在 3 月 29 日發生，被稱為「三·二九事件」。

1990-04-30　立法會召開全體會議，5 月 1 日凌晨通過《非法移民》法案，5 月 3 日刊登《澳門政府公報》後，翌日實施。

1990-08-01　第 2/90/M 號法令《關於進入、逗留及定居澳門之規定》生效，首次確立以符合條件的澳門出生人士作為可自由進入、逗留和定居澳門而不受限制的唯一主體，來自中國內地和香港的人士首次明確納入居留制度的規範對象。

1990-08-27	當局完成在「三‧二九事件」中獲登記人士的資格甄審程序後，開始為通過甄審者發放臨時逗留證，至 10 月 3 日結束。連同「龍的行動」中發現的無證父母的發證工作，共 29,926 人領證。
1991-03-13	中葡聯合聯絡小組就澳門居民身份證式樣達成初步共識。
1992	行政當局頒佈第 6/92/M 號法令，確立澳門居民身份證制度，並於 2 月 10 日起開始分批強制申領。
1994	澳門身份證明司改組，分設「居民身份資料廳」和「葡萄牙證件廳」。
1995	當局不再為臨時逗留證續期，以便安排發放澳門居民身份證。
1996	行政當局開始發放新式樣的澳門居民身份證，不設有效期，以便過渡至澳門特別行政區成立後。
1996-07-22	行政當局開始為臨時逗留證持證人發放澳門居民身份證，至 1997 年 3 月 18 日結束。
1997-05-31	「澳門居民身份證」全部發放完畢，共發證 327,149 張，結束身份證和認別證兩種身份識別文件在澳門社會長期並存的局面。
1998-09-07	澳門身份證明司改組，撤銷「葡萄牙證件廳」。
1998-12-29	全國人民代表大會常務委員會通過「關於《中華人民共和國國籍法》在澳門特別行政區實施的幾個問題的解釋」。
1999-01-15	卡式「港澳居民來往內地通行證」啟用，取代簿式「港澳同胞回鄉證」。
1999-01-16	全國人民代表大會澳門特別行政區籌備委員會通過「關於實施《中華人民共和國澳門特別行政區基本法》第二十四條第二款的意見」，確立成為澳門特別行政區永久性居民的具體條件。

1999-05-24	葡萄牙駐澳門總領事館籌設辦公室開始接受申請葡籍認別證。
1999-12-20	澳門特別行政區成立,立法會通過第 8/1999 號法律《澳門特別行政區永久性居民及居留權法律》;澳門身份證明司易名為「身份證明局」。
2000-04-01	香港停止簽發「旅遊香港許可證」。
2002-07-30	立法會通過第 8/2002 號法律《澳門特別行政區居民身份證制度》,為發放「智能身份證」奠定基礎。
2002-12-04	政府開始接受居民申領「智能身份證」,換證工作至 2007 年 2 月 9 日結束,期間共 483,566 人換領。
2003-02-25	立法會通過第 4/2003 號法律《入境、逗留及居留許可制度的一般原則》。
2004-10-18	澳門居民可憑「智能身份證」前往香港,但仍須填寫入境申報表予港方入境事務處人員蓋章。
2007-02-14	葡萄牙認別證改以智能卡形式發放,易名為「公民證」(cartão de cidadão)。
2009-12-10	澳門居民可憑「智能身份證」直接使用香港自助過關設施出入境,無須填寫入境申報表。
2013-01-02	第二代「港澳居民來往內地通行證」推出。
2013-10-31	政府開始發放第二代「智能身份證」。
2018-09-01	公安部推出「中華人民共和國港澳居民居住證」。
2021-08-05	立法會通過第 16/2021 號法律《澳門特別行政區出入境管控、逗留及居留許可的法律制度》,自 11 月 15 日起生效。

議例局第 82 號提案（節譯）

議例局

根據一九二〇年十月十六日第 7:030 號國令第二十五條之規定，現公佈以下：

第 82 號提案

本法規提案建議設立之部門，基於其明顯需要而無需說明理由。如同其他事物，治安及警察之職能，無論係能垂手可得之新資源或為著滿足社會變化之各種目的，皆屬與時俱進者。向警察及社會保護媒介賦予愈益增加之預防性職能，即增進其真正之完善及目的。

此外，應增加人員數量並於甄選時倍加謹慎，惟對警務工作之真正目的而言尚屬其次，蓋其行動時應愈加掩飾、出其不

意，而毫不間斷、樂於協助、富有效率，尤應具先見之明。

擬建議之措施之目的，對警察而言係在於向其賦予更具效率之辦法以識別並監視不受歡迎人物，並於此一不同之辦法中保證一種安全及簡易之身份識別以規避所有正式之監察手段，以及給予基於科學之犯罪調查能力之工具。

提案尋求盡量於正式場合上完善身份識別，對配合警察及刑事調查部門之要素並圍繞其工作保證而言屬需要者，其益處亦得以伸展至國家工作人員，而不妨礙私人同樣享用此一益處。

身份識別並非新鮮事物，提案之建議僅採用已被所有人，包括本土地區及其他國家證明具益處之措施。

此部門須增加年度開支一千又四十士姑度（1040$00），部分將通過未能計算之認證片收益抵銷之，惟可預計此將自然地大幅抵銷開支。

第 10 號立法條例

本條例經議例局通過及澳門屬地總督之同意，現根據《屬地行政財政自治條例》第二十款（基本條）第二項之規定暫予開始生效：

第一條——重組澳門警察廳之部門，附設一認證兼科學驗證所，其宗旨為：

a）輔助警察部門識別被告及涉嫌人，以及蒐集、展示及登錄犯罪之要素；

b）對於法院之請求盡可能提供合作，對刑事紀錄部門之完善者亦同；

c）製作並更新屬地內被拘禁人及被判罪人之身份認別資料；

d）執行下列條文所指之認證片。

第二條——該所之部門於設立並投入運作時須適當規範之，並由附件具相應薪俸之人員編制組成之。

第三條——設立一種正式之認證片，有效期為五年，其樣式為本條例附件所載者，並賦予以下利益之權利：

a）獲本省當局一概承認之權利，並給予相應之法律保護；

b）獲公共業務廳、郵政部門承認之權利，並給予固有之利益。

第四條——所有本國及外國公民均非強制持有及使用本片，惟全體屬地編制及合同文職公務人員須強制持有及使用之，並應於一年內換領該片，自本條例公佈之日起，任何抵達本屬地之人員倘未能證明已領取該片者，概不得收受薪俸。

第五條——於任何被正式要求表明身份之情況下，必須出示本條例核准樣式之片。

第六條——官印刷局得印刷及銷售供公眾使用之已核准之認證片之正式式樣，其銷售之收益撥歸國課署之收入，價格由政府定之。

第七條——向認證所支付之手續費為每張認證片壹士姑度，包括相片，當中百分之二十歸於該所之人員、攝影師及文案。

第八條（過渡性條文）——特開為立即執行本條例所需之款項，該銀一千四百二十士姑度（1420$00），其中五百士姑

度（500\$00）用於購買攝影器材、三百士姑度（300\$00）用於傢俱、二百士姑度（200\$00）用於購置該所運作所需之文具、號牌、顏料等，另三百士姑度（300\$00）用於支付人員之薪俸直至本經濟年度結束為止。

人員編制

官醫局醫生壹名——每年酬勞————————360\$00

攝影人員壹名——每年酬勞————————240\$00

文案壹名——每年酬勞————————240\$00

獨一附款：醫生除執行本所之特別工作外，尚須從事警察廳現役醫生之職務。

澳門總督府，一九二四年一月三十日。

總督

羅德利古

本條例所指之樣式將適時公佈之。

第 5165 號訓令

查盡量使最多在澳門居住之華人成為一種身份識別證件之持證人係全然合適者；

查予該等華人，特別係從事商業活動者，攜帶一種可資證明渠等係從事一切殷實活動之文件，對其全然有利；

查該文件足以便利該等華人前往香港；

澳門總督經聽取政務委員會常設委員會之意見後，運用《憲法》第一百五十五條賦予之權限規定：

一、設立一種僅為華人使用之特別警務身份證，其格式一附於本訓令，由澳門警察廳廳長發出，並僅於民政總局局長簽核後方發予利害關係人。

二、須向十四歲之成年人強制發出單獨之身份證，未滿此年齡者得附於其父親、母親或負責其教育者之身份證內。

三、發給身份證之申請須由每一名利害關係人個別填寫一份由警察提供，附於本訓令之格式二之表格，並附同以下資料：

a）三公分乘四公分之近照兩張，個人之容貌佔相片四分之三並脫帽；

b）倘個人為受僱者，由從事其活動之受僱實體或企業經理發出之執業或就業證明文件；或倘其為任何企業或商號之經理時，須出示經營執照。

四、於呈交身份證之申請時，須於為著有關目的而設之印件上套取指紋。

五、本身份證之有效期為發給之日起計一年。

第一附款：得於身份證之有效期屆滿後三十日內續期，由身份證識別之個人向警方報到時於該文件上加入特別附註而為之。

第二附款：倘未能於前款所指之期限內續期，利害關係人除辦理續期附註手續相關之費用外，尚須繳付罰款六元，收益撥歸國庫。

六、為身份證之發給徵收費用六元；為每一次續期附註徵收費用一元五角。

七、徵收費用金額之全額須撥入國家公庫。

著執行。

一九五二年五月十七日於澳門總督府。
——總督　　史伯泰

澳門警察廳

身份證

編號：

持證人簽名

姓名

澳門住址

職業

年齡

婚姻狀況

本身份證有效期至 ＿＿＿ 年 ＿ 月 ＿ 日止，並憑此證明持證人現時於本警察廳並無失信紀錄。

一九五 ＿ 年 ＿ 月 ＿ 日於澳門

廳長

閱悉
一九五 ＿ 年 ＿ 月 ＿ 日

民政總局局長

附註

澳門警察廳

身份證申請書：

1—請求人之姓名。

2—父母姓名

3—年齡

4—婚姻狀況

5—出生地點

6—請求人之國籍（註明國籍是否經歸化而取得，又倘屬此情況者是否保留雙重國籍）

7—職業

8—澳門住址

9—於澳門認識之兩名請求人之姓名及住址

10—證件上擬加入之 14 歲以下未成年子女之姓名

本人聲明以上提供之資料皆屬真確，並知悉向本人發給身份證並不免除本人須遵守本
海外省現行之移民法律。

日期：

請求人之簽名

第 7465 號訓令

查所有人士，不論其從事任何職業，為著任何目的而欲於公共部門取得執照、准照或任何其他文件，或作任何性質之登記時，宜充分識別其身份；

根據《葡萄牙海外組織法》（第 2119 號法律）第八十七基本條第二款第 a）項之規定，經聽取政務委員會常務委員會之意見；

澳門總督根據《憲法》第一百五十五條賦予之權限，著令：

獨一條——倘非經認別證、護照、警察憑證或任何其他法律承認之文件充分證明申請人之身份者，任何公共部門不得發給任何執照、准照或任何其他文件，或從事任何性質之登記。

著執行。

一九六四年二月八日於澳門總督府。

——總督　羅必信

第 79/84/M 號法令（摘譯）

由單一部門集中簽發身份證明文件及其信息化係構成政府優先達至的目標之一。為使其落實，修訂認別証簽發的規章，使之在不影響市民身份識別應有的嚴謹性為前提下簡化相關程序是必不可少的。

雖然認別証簽發的自動化因澳門身份證明司僅預計在明年完成新設施和必要設備的購置才將予審視，但政府認為有需要現即重新制定適用的法規，俾使部門能逐漸適應新的規章並向公眾宣傳和解釋。

在人手簽發方面，現即引進的創新之處如下：

一、廢除申請認別証時提呈證人；

二、通過支付一項費用，可由部門填寫表格；

三、以續期申請取代加註和補發申請；

四、葡萄牙公民在首次申請認別証時須繼續提交出生證明或

等同文件，但該等證明在有效期過後仍被視為有效，且在認別証遺失的情況下，只要身份證明的要素，尤其是婚姻狀況並無更改，則無需提交新的證明；

五、非葡籍公民申請認別証應帶同以下其中一份文件：

——出生證明；

——由其國家的領事代表發出的證明；

——身份證。

在沒有上述文件的情況下，申請將基於申請人的聲明以及可出示的證明而作出。

前兩份文件得以外文書寫，如可由部門完成者則免除翻譯。

由一九八五年一月二日起，所有十歲以上的澳門居民須強制持有認別証，但身份證持證人除外。失效、資料沒有更新或遺失的證件亦須在法規訂定的期限內替換，如沒有在限期內替換，須繳納三百元附加費。當未有呈交舊證時，亦須繳納此一費用。

本法規隨自動化而引進的主要修改包括在將訂定的期限內強制以新証取代人手簽發的證件和身份證、採用認別証的新樣式，其不易受損，且可以加入中國種族和文化背景申請人的漢字姓名及其相應的字音。

基於此；

經聽取諮詢會的意見；

澳門總督根據《澳門組織章程》第十三條第一款的規定，頒佈在澳門地區具有法律效力的條文如下：

⋯⋯

第九章
計算機發出的認別証

第四十二條
適用規範

經計算機發出的認別証，在不違反以下條文規定的前提下適用本法規的所有規定。

第四十三條
認別証的取代

一、經人手發出的認別証須強制由計算機發出的認別証取代。
二、前款所指的取代期由總督在《政府公報》刊登的批示訂定，期滿後以人手發出的認別証被視為失效。

第四十四條
身份證的取代

一、身份證須按照前條規定，由計算機發出的認別証取代。

二、為遵守本條第一款而提出的認別証申請，須按照第二十四條規定附同身份證。

三、在身份證遺失或被竊的情況下，澳門身份證明司為著申請指示的目的，向治安警察廳索取相關的卷宗。

四、如身份證載明出生地為澳門或依法賦予葡萄牙國籍的地區，申請應附同出生證明或第十一條規定的替代文件；在不能取得時須在出生地欄上註明「não confirmada」（未確認），國籍欄上則註明「nacionalidade não comprovada」（國籍未經證明）。

第四十五條
有效期

為更佳分佈接續年份的申請流向，第四十三條及第四十四條所指的過渡期內發出的計算機認別証，有效期得經總督在《政府公報》刊登批示而縮短或延長。

第四十六條
印件

經計算機發出的認別証的印件，經總督的批示核准，並在《政府公報》刊登。

第四十七條
編號

一、經計算機發出的認別証須啟用一組新的編號。
二、認別証的編號由六位數字加一位控制碼組成。

第四十八條
認別証的內容

除第十四條所指的資料外，經計算機發出的認別証須註明原身份證明文件的首次發出日期及性別。

第四十九條
以漢字登錄的姓名

一、經計算機發出的認別証上為具中國種族及文化背景的申請人登錄的全名，須強制提及相關的譯音及數字代碼；對於

適用的父母姓名亦採用同一程序。

二、前款所指個人的認別証得登錄一個別名，其前加入虛詞「aliás」（又名）；如利害關係人在澳門出生，別名僅在相關出生證明的附註有載明時方予登錄。

英國駐澳門領事館通告（1965年1月6日）

香港身份證事：

香港政府業已規定，凡持有澳門警廳所發之身份證者，不宜申領香港身份證。

邇來情況愈趨明顯，甚多澳門居民實際上多年來已持有香港身份證，在詢問五百名旅遊證申請人後，發覺其中四百人以上，均屬瞞騙及企圖掩飾渠等持有香港身份證之事實。彼等當會轉向香港人口登記局繼續其說謊言，自稱為香港之市民。

本署除日常工作繁忙之餘，兼受此等申請人之干擾，致令真正赴港渡假或探親之人士，均被延阻，因此，本人籲請各澳門居民，如同時持有或已申請換領香港身份證之人士，將其香港身份證或換證之收條，在一九六五年一月十五日以前，交回英領事署旅遊簽證辦事處主任收。余並預算對該等虛報事實者採取余所認為需要之處理，以使真正旅遊之人士不受延誤。

英國駐澳門領事侯華富（Edward Haworth）啟

主要參考文獻

Boletim Oficial de Macau（澳門）

Collecção Official de Legislação Portuguesa（葡萄牙）

Diárlo do Governo（葡萄牙）

Diário da República（葡萄牙）

《華僑報》（澳門）

《澳門日報》（澳門）

《澳門特別行政區公報》

澳門特別行政區政府新聞局（2002-2019）。歷年《澳門年鑑》。

吳志良（2010）。《澳門政治制度史》。廣州：廣東人民出版社。

Atkinson, D et al. (eds.). *Cultural Geography — A Critical Dictionary of Key Concepts*. New York: IB Tauris.

Barreto, LF (ed., 2010). *Rumos de Macau e das Relações Portugal-China (1974-1999)*. Lisboa: Centro Científico e Cultural de Macau, IP.

Castells, M (2010). *The Power of Identity*. Oxford: Wiley-Blackwell.

Cónim, CNPS and Teixeira, MF (1998). *Macau e a sua População, 1500-2000: Aspectos Demográficos, Sociais e Económicos*. Macau: Direcção dos Serviços de Estatística e Censos.

Gabinete do Governador de Macau (1999). *A Administração de Macau durante o Período de Transição*. Macau: Gabinete do Governador de Macau.

Havik PJ et al. (eds., 2015). *Administration and Taxation in Former Portuguese Africa, 1900-1945*. Newcastle-upon-Tyne: Cambridge Scholars Publishing.

Instituto Cultural de Macau (1986). *Macau Coordenadas de Política Cultural*. Macau: Instituto Cultural de Macau.

Osterhammel, J (1995). *Kolonialismus: Geschichte — Formen — Folgen*. Munich: CH Beck.

Ramos RMM (2013). *Estudos de Direito Português da Nacionalidade*. Coimbra: Coimbra Editora.

Silva, CN (2009). *Constitucionalismo e Império — A Cidadania no Ultramar Português*. Coimbra: Almedina.

Vieira, J (2013). *Mário Soares — Uma Vida*. Lisbon: A Esfera dos Livros.

書名

　　信而有證——澳門身份證發展歷程

作者

　　陳震宇

責任編輯

　　劉穎琳

書籍設計

　　姚國豪

出版

　　三聯書店（香港）有限公司

　　香港北角英皇道 499 號北角工業大廈 20 樓

　　Joint Publishing (H.K.) Co., Ltd.

　　20/F., North Point Industrial Building,

　　499 King's Road, North Point, Hong Kong

香港發行

　　香港聯合書刊物流有限公司

　　香港新界荃灣德士古道 220-248 號 16 樓

印刷

　　美雅印刷製本有限公司

　　香港九龍觀塘榮業街 6 號 4 樓 A 室

版次

　　2021 年 11 月香港第一版第一次印刷

規格

　　大 32 開（138mm x 200mm）204 面

國際書號

　　ISBN　978-962-04-4892-8

三聯書店
http://jointpublishing.com

JPBooks.Plus
http://jpbooks.plus